Scoprire Bruges

La Top 10 di Bruges

I 10 classici da non perdere

Il Rozenhoedkaai, la cartolina vivente

Il Rozenhoedkaai unisce il Belfort con i piccoli canali che attraversano la città, creando uno spettacolo davvero unico. È logico allora che il Rozenhoedkaai sia diventato uno dei punti più fotografati. Un luogo così particolare, nessuno rinuncia a farcisi ritrarre. Una cartolina in cui poter figurare personalmente.

Il piacere del silenzio nel Beghinaggio

(vedere anche pagina 76)

Certi posti sono così belli da lasciarci senza parole. Il Beghinaggio è uno di questi. I visitatori lo ammirano in silenzio, incapaci di esprimere a parole la purezza del luogo. Questa è una visita da assaporare con calma, magari sedendosi su una delle panchine lungo il Minnewater (Lago dell'Amore). Da qui potrete godere di una vista che il tempo non ha toccato.

Benvenuti a Bruges, patrimonio mondiale dell'Unesco

Ci sono luoghi capaci di toccarti nel profondo, che penetrano nell'animo per quanto non sia riuscito a comprenderli del tutto. Bruges è uno di questi luoghi. Una città a misura d'uomo, divenuta grande grazie alla sua affascinante storia che si è meritata la nomina a città patrimonio mondiale dell'Unesco. Misteriosa come ai tempi del Medio Evo, sfacciatamente gaudente e da sempre metropoli.

Questa guida, con i suoi 5 capitoli, vi consentirà di scoprire, vivere e sperimentare Bruges in tutte le sue mille sfaccettature...

Il **capitolo 1** illustra tutto quanto necessario per preparare il viaggio e acquisire familiarità con Bruges. Vi troverete una breve storia della città, le dieci attrazioni imperdibili, una panoramica dei migliori ristoranti, consigli per souvenir carini e una grande quantità d'informazioni pratiche, fra cui le mille possibilità per muoversi a Bruges e chiare istruzioni per l'uso della "Brugge City Card". La pratica tessera cittadina vi consente di visitare numerose attrazioni completamente gratis o a tariffe fortemente scontate.

Le tre suggestive passeggiate riportate al **capitolo 2** vi condurranno lungo i luoghi più belli della città. La cartina dettagliata, estraibile dal retro di copertina della stessa guida, vi accompagnerà impeccabilmente. Sulla cartina estraibile sono anche riportate tutti le possibilità di alloggio autorizzate a Bruges, dai più eleganti hotel alle più affascinanti pensioni e case vacanze.

Il **capitolo 3** offre informazioni su tutto quanto la città ha da offrire sul piano culturale: una panoramica degli appuntamenti fissi ed un riepilogo di tutti i musei, attrattive, edifici e luoghi storici, culturali e religiosi di Bruges.

Per quanto Bruges preservi il suo ricco passato, non vi rimane certo imbrigliata. La città è più viva che mai: le fantastiche piazze e i sobri canali fungono regolarmente da scenario per coinvolgenti eventi culturali visitati dagli abitanti e da tanti turisti. Anche nei musei non manca la varietà: ospitano tanto i Primitivi fiamminghi quanto l'arte moderna; verrete trascinati in un viaggio formativo nella Bruges medioevale o nel mondo della cioccolata, dei diamanti o delle… patatine fritte.

A Bruges potrete passare tutto il giorno da un ristorante Michelin ad un localino trendy, perdervi nel labirinto dei viottoli lastricati e riprendervi in un accogliente bar o seduti all'esterno, immersi in uno stupendo panorama. La città offre il meglio di tanti mondi. Gli abitanti sanno da secoli dove andare. E proprio questi luoghi caratteristici sono riportati nel **capitolo 4**: ristoranti, bar, negozi, parcheggi e piazze insigniti del marchio "approvato dagli indigeni". Ed in più, cinque nuove "reclute" cittadine svelano i loro luoghi preferiti.

Se prevedete un soggiorno più lungo nella regione, potrete fare escursioni fuori dai confini cittadini. Il **capitolo 5** offre suggerimenti per visitare i dintorni, la costa e Westhoek.

A voi la scelta!

09 **40**

La piazza del Burg, ricchezze medievali

(vedere anche pagina 90)

La Piazza del Burg è il cuore pulsante della città. Il Municipio, risalente al XIV secolo, è uno dei più antichi dei Paesi Bassi. È da qui che ancora oggi viene amministrata la città, così come è accaduto negli ultimi 600 anni. Non solo, ma per tutto questo tempo l'edificio ha anche dominato con la sua presenza la sontuosa Piazza del Burg. La ricchezza di Bruges raggiunge qui la sua massima espressione.

23 **35**

I Primitivi Fiamminghi, l'arte che ha reso Bruges famosa in tutto il mondo

(vedere anche pagina 81-82)

Volete ammirare una collezione unica di fama mondiale, che raccoglie i quadri dei Primitivi Fiamminghi, nella loro città d'origine? O preferite forse esplorare i nuovi orizzonti dell'arte moderna, gli sfarzosi palazzi della città e la commovente arte romantica popolare? In ogni caso, i musei di Bruges sono in grado di soddisfare tutti.

Gironzolare per l'antico Quartiere anseatico

Dal XIII al XV secolo, Bruges è stata il punto d'incontro commerciale tra le città anseatiche dell'estremo Nord, l'Inghilterra e la Germania (i tedeschi venivano allora chiamati "Oosterlingen", orientali) e le principali località commerciali in Francia, Spagna e Italia. I commercianti spagnoli si insediarono sullo Spaanse Loskaai e alla Spanjaardstraat, i cui nomi rimandano alla loro folta presenza, i tedeschi alla Oosterlingenplein, che prese il nome dal loro singolare appellativo. Luoghi in cui ancora oggi si respira l'atmosfera dei tempi antichi.

I canali di Bruges: le arterie della città

Riscoprite la Bruges di un tempo. Navigando sui canali, vere e proprie arterie della città, potrete ammirare da un punto di vista insolito giardini segreti, ponti caratteristici e scorci incantati, dove sembra che il tempo si sia fermato. Sembra impossibile, ma gli angoli più belli della città acquistano ancora più fascino se visti dall'acqua.

5

15 31

La Chiesa di Nostra Signora, l'antico skyline di Bruges

La Chiesa di Nostra Signora domina con la torre in mattoni alta 122 metri, testimone dell'abilità dei costruttori della città e la seconda torre in mattoni più alta al mondo. All'interno, la stupenda "Madonna con bambino" in marmo bianco di Michelangelo sa toccare il cuore di ogni visitatore.

Ospizi di Carità, la carità pietrificata

(vedere anche pagina 46)

Chi visita uno di questi complessi medievali avrà l'impressione di trovarsi in un villaggio, circondato dalla città ma separato da essa. Creati secoli fa in base al principio cristiano della carità, oggi costituiscono una vera oasi di pace, con i loro giardini pittoreschi, le facciate bianche delle case e il silenzio ovattato che vi regna.

14 Concertgebouw o la Cultura con la C maiuscola

(vedere anche pagina 93)

L'imponente e affascinante tempio della cultura è un faro di luce e dà alla piazza sottostante, 't Zand, una dinamica particolare. All'interno non un teatro di velluto, ma un sobrio auditorio con file di poltrone. L'atmosfera ideale per godere di concerti classici, jazz, danza o teatro.

Il Mercato, assolutamente imperdibile

Il Mercato è ovviamente il centro della città. Vi si trovano le variopinte case delle gilde, lo zoccolio dei cavalli, lo sferragliare delle carrozze ed il Belfort, che da secoli domina la grande piazza. Ancora oggi è possibile conquistare il Belfort, con i suoi 83 metri d'altezza. Una volta saliti i suoi 366 scalini medioevali, la ricompensa è un panorama mozzafiato su Bruges e dintorni. Dalla piazza del Mercato si accede anche all'Historium, l'ultimissima novità che trasporta il visitatore nella Bruges del Medio Evo. Dal balcone al primo piano si gode di una vista eccellente sulla piazza, con al centro la statua di Jan Breydel e Pieter de Coninck.

(Per saperne di più su la Historium a pagina 83)

La storia di Bruges
I fatti salienti

L'acqua ha rivestito un ruolo fondamentale nello sviluppo di Bruges. La cittadina sorse alla confluenza di diversi ruscelli nel fiume Reie, che da lì scorreva verso nord in direzione della costa. Attraverso una rete di insenature create dalle maree il Reie era collegato al mare. Non stupisce dunque che già in epoca romana vi fossero tracce di attività portuali, come lasciano supporre i resti di almeno due imbarcazioni marittime trovate nei pressi dell'attuale Bruges. Stiamo parlando della seconda metà del III secolo, inizio del IV. Ma ci vorranno ancora circa 500 anni prima che spunti il nome "Brugge", evidentemente una derivazione dall'antico germanico "brugj", imbarcatoio.

Poco alla volta Bruges si rivelò un insediamento commerciale con porto, ma anche una fortificazione per i conti fiamminghi, tanto che nell'XI secolo il sito si trasformò in un'attiva cittadina portuale nonché importante centro politico.

L'ascesa

Nel XII secolo il collegamento diretto tra il mare e la città rischiò di insabbiarsi, ma il problema fu risolto grazie ad un nuovo canale navigabile, lo Zwin, e fu così che nel XIII secolo Bruges diventò il maggior centro commerciale di tutta l'Europa nordoccidentale. Qui fu aperta la prima borsa del mondo, sulla piazza antistante il palazzo della famiglia di commercianti Van der Beurse. Nonostante le difficoltà tipiche del medioevo, dalle epidemie ai contrasti politici, passando per le differenze sociali, gli abitanti della città ebbero sempre una vita relativamente facile, e Bruges cominciò ben presto ad attrarre un numero sempre crescente di persone. Intorno al 1340 la città contava già 35.000 abitanti.

Il Secolo d'Oro

Il successo della città si rivelò duraturo. Nel XV secolo infatti, il Secolo d'Oro di Bruges, le cose andarono ancora meglio. La città divenne la sede del ducato di Borgogna, fu avviata la produzione di nuovi generi di lusso e pittori famosi come Jan van Eyck e Hans Memling – grandi Maestri dei Primitivi Fiamminghi – trovarono qui il luogo ideale per la propria attività artistica. Le arti fiorirono e, oltre a svariate chiese di una bellezza straordinaria e alle case delle corporazioni, fu costruito in questo periodo anche l'imponente municipio. L'ascesa di Bruges sembrava inarrestabile.

Il declino

La morte dell'amatissima Maria di Borgogna, avvenuta nel 1482, segnò un'inversione di tendenza. I rapporti tra gli abitanti della città e il vedovo di Maria, Massimiliano, precipitarono, e la corte dei Borgogna abbandonò la città. Ben presto furono i mercanti stranieri a fare i bagagli. Seguirono lunghi secoli segnati dalle guerre e dalle lotte per il potere. A metà del XIX secolo Bruges era ormai una città povera, non restava che l'ombra degli sfarzi di un tempo. Stranamente, però, Bruges sarebbe stata salvata da un romanzo.

La rinascita

Nel suo 'Bruges la Morte' (1892), lo scrittore belga Georges Rodenbach descrive giustamente Bruges come una città un po' assonnata, ma straordinariamente intrigante. Tanto basta perché lo straordinario patrimonio della città venga riscoperto e la sua atmosfera intima e misteriosa diventi un incredibile punto di forza. Sulla spinta di questo ritrovato ottimismo viene costruito un nuovo porto marittimo a Zeebrugge e Bruges muove con cautela i primi passi nel settore turistico. Con grande successo. L'Unesco decide infatti di includere il centro storico della città nel Patrimonio mondiale dell'umanità, e il resto è storia.

Dai primi insediamenti all'affermazione di un centro commerciale a livello internazionale (…-1200)

851 Il nome della città appare per la prima volta in un documento scritto

863 Baldovino I di Fiandra fa il suo ingresso sulla piazza del Burg

1127 Il Conte Carlo il Buono viene assassinato nella Chiesa di San Donaziano (Sint-Donaaskerk); costruita la prima cinta muraria della città; riconosciuto il comune di Bruges

1134 Formazione dello Zwin, che collega Damme al mare

Il Secolo d'Oro di Bruges (1369-1500)

1369 Margherita di Male sposa Filippo l'Ardito, inizia il periodo dei Borgogna

1384 Margherita succede al padre, Luigi di Male

1430 Filippo il Buono sposa Isabella del Portogallo; Istituzione dell'Ordine del Toson d'Oro

1436 Jan van Eyck dipinge l'olio su tavola "Madonna del canonico Joris van der Paele"

1482 Maria di Borgogna muore in seguito ad una caduta da cavallo

1488 Massimiliano d'Asburgo viene imprigionato per qualche settimana a casa Craenenburg, sulla Piazza del Mercato (Markt)

851   **1200**   **1300**   **1500**

Bruges capitale economica dell'Europa nordoccidentale (1200-1400)

1245 Fondazione del Beghinaggio

1297 Costruita la seconda cinta muraria

1302 Mattutini di Bruges e Battaglia degli Speroni d'oro

1304 Prima Processione del Sacro Sangue

1350 La Torre Civica viene ricostruita in pietra in seguito alla distruzione della costruzione lignea originale

1376-1420 Viene costruito il Municipio

La città trattiene il respiro (1500-1578)

1506 Il mercante di tessuti Jean Mouscron acquista la "Madonna col Bambino" di Michelangelo

1528 Lanceloot Blondeel progetta il famoso camino per l'edificio noto come 'Brugse Vrije', ora adibito a museo

1548 Nasce lo scienziato Simon Stevin

1562 Marcus Gerards incide la prima pianta stampata della città

1578 Bruges si schiera dalla parte dei ribelli nella rivolta contro il re di Spagna

La povertà (1584-1885)

1584 Bruges sottomessa nuovamente al sovrano spagnolo

1604 Viene chiuso lo Zwin

1713-1795 Dominio austriaco

1717 Fondazione dell'Accademia delle Belle Arti, predecessore del Museo Groeninge

1795-1814 Occupazione francese

1799 Demolizione della cattedrale di San Donaziano (Sint-Donaaska-thedraal) e riorganizzazione della Piazza del Burg

1815-1830 Regno Unito dei Paesi Bassi

1830 Il Belgio ottiene l'indipendenza; nasce il poeta Guido Gezelle

1838 Costruita la prima stazione

La città nuova (1971-…)

1971 Una legge incorpora i comuni circostanti nel territorio della città di Bruges

1985 Re Baldovino del Belgio inaugura ufficialmente la chiusa di Zeebrugge

2000 Il centro storico viene incluso nel Patrimonio mondiale dell'umanità; la città ospita Euro 2000, i Campionati europei di calcio

2002 Bruges è Capitale europea della cultura

2008 Il film 'In Bruges – La coscienza dell'assassino' proiettato nelle sale cinematografiche di tutto il mondo

2010 L'Unesco include la Processione del Sacro Sangue nel Patrimonio culturale immateriale dell'umanità

1600 **1700** **1800** **1900** **2000**

Città di provincia con rinnovate ambizioni (1885-1970)

1887 Rivelata la statua di Jan Breydel e Pieter de Coninck sulla Piazza del Mercato (Markt)

1892 Viene pubblicato "Bruges la Morte" di Georges Rodenbach

1896 Avviata la costruzione del porto marittimo

1897 Il neerlandese diventa la lingua ufficiale; inaugurata la Nederlandse Gist- en Spiritusfabriek (Fabbrica Olandese Lieviti e Spirito)

1902 Prima mostra dedicata ai Primitivi Fiamminghi

1914-1918 Prima guerra mondiale, Bruges viene usata dai tedeschi come base per i sottomarini

1940-1945 Il centro storico sopravvive praticamente intatto alla Seconda guerra mondiale

1958 Prima edizione del Corteo dell'Albero d'Oro

Brugge City Card

La convenienza non ha mai fine!

Vuoi andare alla scoperta di Bruges a un prezzo amichevole?
Vuoi risparmiare mentre esplori la città in tutte le sue sfaccettature? La Brugge City Card, la tua tessera cittadina super
conveniente, ti offre innumerevoli sconti per visitare completamente gratis le tante
attrazioni di Bruges! Pratica ed
economica, un'opportunità
perfetta per risparmiare
più di € 250,00!

COME FUNZIONA?

Scegli tu stesso il limite di validità della tua Brugge City Card: 48 ore o 72 ore. Nei capitoli *Esplorando Bruges, Informazioni pratiche* e *Escursioni da Bruges* troverai una panoramica dettagliata di tutte le attrazioni, i musei e i punti d'interesse turistico di Bruges e dintorni. La  significa che con la Brugge City Card potrai entrare gratuitamente; la  vuol dire che otterrai una riduzione significativa di almeno 25% sull'ingresso singolo. Nella rivista mensile gratuita events@brugge troverai inoltre un utile elenco di tutti gli avvenimenti a cui potrai accedere a un prezzo super conveniente con la tua Brugge City Card. Al primo utilizzo la Brugge City Card verrà automaticamente attivata. Una volta scaduto il limite di tempo, la tessera non sarà più valida. Potrai visitare ciascuna attrazione soltanto una volta. Tieni presente che molti musei restano chiusi di lunedì.

Tanta convenienza per te!

» Ingresso libero fino a 26 musei e punti d'interesse turistico di Bruges! Inoltre, uno sconto considerevole nel Historium Bruges e nei negozi dei musei! Ammira le opere dei Primitivi Fiamminghi famose in tutto il mondo, osserva Bruges dalla Torre Civica e visita Choco-Story (il più grande museo dedicato al cioccolato del mondo) o una delle tante altre collezioni di altissimo livello.

» Giro gratuito in battello per i canali (partenze garantite solo nel periodo 1/3- 15/11)! Avrai l'opportunità di gustare la città come mai prima d'ora e scoprirne gli angoli nascosti e i punti più romantici!

» 25% di riduzione minima su concerti, spettacoli di danza e rappresentazioni teatrali imperdibili!

» 25% di riduzione minima sulla tua bicicletta a noleggio!

» 25% di riduzione minima sul tuo parcheggio sotterraneo!

» 25% di riduzione minima su vari musei, punti d'interesse turistico e attrazioni nei dintorni di Bruges!

» La tessera De Lijn valida tre giorni su autobus e tram in tutte le Fiandre a soli € 6,00!

QUANTO COSTA?

	BRUGGE CITY CARD	BRUGGE CITY CARD -26
48h	€ 38,00	€ 35,00
72h	€ 43,00	€ 40,00

DOVE OTTENERLA?

Recati agli uffici informazioni presso **i** presso il Markt (Historium), la piazza 't Zand (Concertgebouw) o la Stationsplein (Station), oppure ordina la tua Brugge City Card su www.bruggecitycard.be.

Musei e punti d'interesse turistico a Bruges

	Archeologiemuseum (Museo Archeologico)	€4,00
	Arentshuis (Casa Arents)	€4,00
	Basiliek van het Heilig Bloed - schatkamer	
	(Museo della Basilica del Sacro Sangue)	€2,00
	Begijnenhuisje (Casa delle Beghine)	€2,00
	Belfort (Torre Civica)	€8,00
	Brouwerij (Birrificio) De Halve Maan	
	visite guidate + consumazione	€7,00
	Brugse Vrije (Libertà di Bruges)	€4,00
	Choco-Story (Museo del Cioccolato)	€7,00
	Diamantmuseum Brugge (Museo del Diamante di Bruges)	
	+ dimostrazione taglio diamanti	€10,00
	Expo Picasso	€8,00
	Frietmuseum (Museo delle Patatine Fritte)	€6,00
	Gentpoort	€4,00
	Gezellemuseum (Museo Gezelle)	€4,00
	Groeningemuseum (Museo Groeninge) compresa Arentshuis	€8,00
	Gruuthusemuseum (Museo Gruuthuse)	€8,00
	Kantcentrum (Centro del Merletto)	€3,00
	Koeleweimolen (Mulino Koelewei)	€3,00
	Lumina Domestica (Museo delle Lampade)	€6,00
	Museum-Gallery Xpo Salvador Dalí	€10,00
	Onze-Lieve-Vrouwekerk (Chiesa di Nostra Signora)	€6,00
	Onze-Lieve-Vrouw-ter-Potterie (Nostra Signora della Potterie)	€4,00
	Sint-Janshospitaal (Ospedale di San Giovanni)+ farmacia	€8,00
	Sint-Janshuismolen (Mulino Sint-Janshuis)	€3,00
	Sound Factory/Lantaarntoren	€6,00
	Stadhuis (Municipio) compresa Libertà di Bruges	€4,00
	Volkskundemuseum (Museo Folcloristico)	€4,00
	Historium Bruges	€ 11 > € 8,25
	+ sconto nei negozi dei musei civici!	-25%
	+ sconto nel negozio del Museo del Diamante di Bruges!	-10%

Cultura e avvenimenti

	Concertgebouw	-30%
	Cultuurcentrum Brugge (Centro Culturale)	-30%
	Kunstencentrum (Centro Artistico) De Werf	-25%

Gentpoort

Museo della Basilica del Sacro Sangue

Ospedale di San Giovanni

Libertà di Bruges

Musei nei dintorni di Bruges

CITY CARD	Canada-Poland War Museum (Adegem)	€ 5,00 > € 4,00
CITY CARD	Castello di Wijnendale (Torhout)	€ 5,00 > € 3,00
CITY CARD	Centrum Ronde van Vlaanderen (Centro Giro delle Fiandre, Oudenaarde)	€ 8,00 > € 6,00
CITY CARD	In Flanders Fields Museum (Museo In Flanders Fields, Ypres)	€ 8,00 > € 5,50
CITY CARD	Mu.ZEE (Ostenda)	€ 5,00 > € 3,75
CITY CARD	Mu.ZEE Ensorhuis (Casa Ensor, Ostenda)	€ 2,00 > € 1,50
CITY CARD	Mu.ZEE Permekemuseum (Museo Permeke, Jabbeke)	€ 3,00 > € 2,25
CITY CARD	Museum Torhouts Aardewerk (Museo della Ceramica di Torhout, Torhout)	€ 1,50 > € 1,00
CITY CARD	Romeins Archeologisch Museum (Museo Archeologico Romano, Oudenburg)	€ 5,00 > € 3,00
CITY CARD	Sint-Janshospitaal (Ospedale di San Giovanni, Damme)	€ 1,50 > € 1,00
CITY CARD	Uilenspiegelmuseum (Museo Uilenspiegel, Damme)	€ 2,50 > € 1,50

Gita in battello Lamme Goedzak (Bruges-Damme)

Giro del porto (Zeebrugge)

Boudewijn Seapark (Bruges)

Attrazioni nei dintorni di Bruges

- Boudewijn Seapark (Bruges) — € 24,00 > € 15,00
- Seafront (Zeebrugge) — € 12,50 > € 8,50

Escursioni a prezzi amichevoli

- Bruges a piedi (gen., feb., mar., nov., dic.) — ~~€ 9,00~~
- Bruges in barca (partenze garantite solo nel periodo 1/3-15/11) — ~~€ 7,60~~
- City Tour Brugge (bus) — € 16 > € 12
- Gita in battello Lamme Goedzak Damme (andante e ritorno) — € 10,00 > € 7,50
- Giro del porto di Zeebrugge — € 10,00 > € 7,50
- Bruges Ballooning — € 170,00 > € 127,50

Trasporti

- Parking Centrum-Zand/Centrum-Station/Pandreitje/Katelijne — - 25%
- Tessera valida tre giorni di De Lijn* — € 6,00
- Electric Scooters (noleggio giornaliero) — classe A: € 65 > € 48,75
  classe B: € 75 > € 56,25

Noleggio giornaliero biciclette

- Fietsen Popelier — € 12,00 > € 9,00
- Fietsen 't Koffieboontje — € 12,00 > € 9,00
- B-Bike Concertgebouw — € 12,00 > € 9,00
- Bauhaus — € 10,00 > € 6,00
- Bruges Bike Rental — bici: € 10,00 > € 7,50
  tandem: € 20,00 > € 15,00
- Fietspunt (Stazione) — € 12,00 > € 9,00

* Da acquistarsi esclusivamente negli uffici informazioni **i** presso il Markt (Historium), la piazza 't Zand (Concertgebouw) o la Stationsplein (Station, Stazione).

Informazioni pratiche

Alta stagione

Per quanto il maggior numero di visitatori giunge in città in primavera o estate, Bruges sa conquistare in ogni stagione. In autunno e nei mesi invernali emana un irresistibile fascino dai canali nebbiosi e dalle serpeggianti viuzze di acciottolato e i tipici pub e locali attirano ammalianti i visitatori. Un'atmosfera speciale, dunque. Tra l'altro, i mesi freddi si prestano ottimamente per visitare indisturbati uno dei tanti musei e attrattive cittadine, godere delle gioie del palato in un ottimo ristorante e chiacchierare lungo davanti ad una birra locale. Prezzi vantaggiosi per i soggiorni a Bruges nei mesi di gennaio, febbraio e marzo.

Buono a sapere

Con le sue ampie vie di negozi, invitanti terrazze, locali alla moda ed eleganti hotel, Bruges ha non poco da offrire agli amanti dello shopping. Non lasciare però che il piacere sia rovinato e metti il portafoglio preferibilmente in una tasca interna chiusa della giacca e non in una borsa o zaino aperto. Anche i borseggiatori, infatti, amano andare per negozi…
Bruges è una vivace città con una frizzante vita notturna. Molti sono i luoghi dove puoi fare le ore piccole. Per questo è utile tenere presenti le seguenti indicazioni.

» È vietato servire birra o vino (bibite con una percentuale di alcool superiore allo 0,5%) a minori di 16 anni e alcolici (15% o più) a minori di 18 anni.
» Non è consentito il consumo di alcool in strada, per le zone di locali il giovedì, venerdì e sabato sera.

Una visita a Bruges soddisfa tutti i sensi, ma lascia che anche i turisti dopo di te possano godere di un piacevole tour: aiutaci a tenere Bruges pulita e lascia i rifiuti nell'apposito contenitore.

Cinema

» Tutti i film sono poiettati in lingua originale.

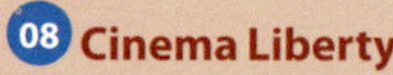
08 Cinema Liberty
Kuipersstraat 23, www.cinema-liberty.be | cartina: E7

09 Cinema Lumière
Sint-Jakobsstraat 36, www.lumiere.be | cartina: D7

10 Kinepolis Brugge
Koning Albert I-laan 200, Sint-Michiels, www.kinepolis.com/brugge | cartina: B14

Clima

Bruges ha fama di godere di un clima marino temperato senza forti oscillazioni della temperatura. In estate il clima è caldo, ma non eccessivo, in inverno freddo, ma mai gelido. Primavera e autunno vantano piacevoli temperature e in autunno ed inverno non mancano precipitazioni piovose anche abbondanti. Un ombrello non è dunque un lusso superfluo.

Come arrivare a Bruges
» In treno

Arrivando da diverse città europee, come Amsterdam, Parigi, Rotterdam, Colonia e Lussemburgo, è necessario cambiare alla "Gare du Midi di Bruxelles".

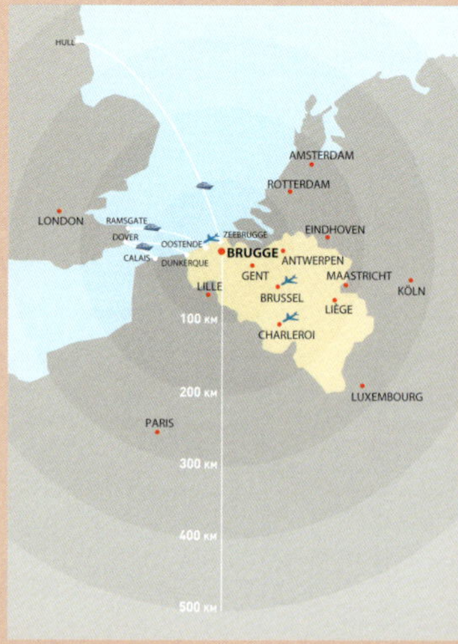

» Arrivare a Bruges in treno

Partenza	via	km	mls	⏱	prenotare
Milano	Bruxelles Midi & Paris	934	580	9:18	www.eurorailways.com
Roma	Bruxelles Midi & Paris	1615	1004	13:24	www.eurorailways.com
Amsterdam	Antwerpen	253	157	3:56	www.b-rail.be
Köln	Brussel Midi/Zuid	313	194	2:47	www.bahn.de
London St.-Pancras	Brussel Midi/Zuid	-	-	3:21	www.eurostar.com
Lille	Kortrijk	75	47	1:20	www.b-rail.be
Paris	Brussel Midi/Zuid	296	184	2:37	www.thalys.com
Brussels Airport	Brussel-Noord	110	68	1:26	www.b-rail.be

» In aereo

» Brussels Airport

Voli giornalieri collegano questo scalo con più di 200 aeroporti, distribuiti in 66 paesi. Raggiungere Bruges dall'aeroporto di Bruxelles è facilissimo, grazie al collegamento ferroviario. Necessario cambiare alla stazione "Gare du Midi di Bruxelles".

» Aeroporto Brussels-South-Charleroi-Airport

Settimanale, diversi voli a basso costo da diverse città in Europa. Altri voli low-cost settimanali da diverse città europee. Servizio pullman regolare tra l'aeroporto e la stazione ferroviaria Bruxelles-Midi, con successivo collegamento ferroviario tra Bruxelles-Midi e Bruges.

» In auto/ con il bus

Bruges si trova a 1000 km da Milano e a 1600 km da Roma. Dall'autostrada prendere rispettivamente 10 ore e 16 ore. Una volta che sei in Belgio, si guida da Bruxelles a Bruges tramite l'autostrada E40 (1 ora).

Attenzione! In tutto il centro storico il limite di velocità è di 30 km/h.

Per maggiori informazioni consultare www.brugge.be/transport

Denaro

La maggior parte delle banche a Bruges è aperta dalle 9:00 alle 12:30 e dalle 14:00 alle 16:30. Diversi uffici sono aperti il sabato mattina, la domenica sono tutti chiusi. Sportelli bancomat sono situati nelle principali vie dello shopping, al Markt, 't Zand, alla Simon Stevinplein e sulla piazza della stazione, nonché sulla Kanaaleiland (Bargeweg). Presso gli sportelli è possibile prelevare contanti a qualsiasi ora con la propria carta Visa, Eurocard o Mastercard. Il servizio di cambio valuta è disponibile in ogni banca o ufficio cambio.

» Goffin Change
Steenstraat 2, cartina: E8
» Pillen R.W.J.
Rozenhoedkaai 2, cartina: F8

Emergenze

▶ Soccorso europeo

» tel. 112
Numero unico valido in tutti gli stati membri europei cui rivolgersi per vigili del fuoco, soccorso medico e polizia, 24 ore su 24, 7 giorni su 7.

▶ Assistenza medica

» Guardia medica
19:00-08:00 > tel. +32 (0)78 15 15 90
» Farmacia di turno
tel. +32 (0)900 10 500
» Pronto soccorso dentistico
tel. +32 (0)903 39 969

» **Pronto soccorso**
tel. 100
» **Ospedali**
A.Z. St.-Jan > tel. +32 (0)50 45 21 11
A.Z. St.-Lucas > tel. +32 (0)50 36 91 11
St.-Franciscus Xaveriuskliniek >
tel. +32 (0)50 47 04 70
» **Centro antiveleni**
tel. +32 (0)70 245 245

▶ Polizia
» **Telefono generale**
tel. +32 (0)50 44 88 44
» **Assistenza d'urgenza della polizia**
tel. 101
» **In orario d'ufficio**
lun-ven: 8:00-12:00 e 13:30-17:00 (mar: fino alle
18:00), sab: 8:00-11:45 rivolgersi agli uffici alla
Kartuizerinnenstraat, 4 | cartina: E9
» **Fuori orario d'ufficio**
c'è un presidio alla Hauwerstraat 3 (cartina:
C10). A metà 2013 i servizi saranno trasferiti al
Lodewijk Coiseaukaai 3 (cartina: F1)

Festività
Il Belgio ha diverse festività in cui la maggior
parte di aziende, istituzioni e servizi sono
chiusi.
» 1 gennaio (Capodanno)
» Pasqua e Pasquetta
» 1 maggio (Festa del Lavoro)
» Ascensione
» Pentecoste e Lunedì di Pentecoste
» 11 luglio (Festa della Comunità Fiamminga)
» 21 luglio (Festa Nazionale)
» 15 agosto (Assunzione di Nostra Signora
   in cielo)
» 1 novembre (Ognissanti)
» 11 novembre (Ricordo dell'Armistizio
   del 1918)
» 25 dicembre (Natale)
» 26 dicembre (Santo Stefano)

Formalità
» **Identificazione**
È obbligatorio disporre di carta d'identità o di
un passaporto valido. I cittadini dell'Unione Europea non necessitano di visto. Giungendo in
Belgio da un paese non UE è necessario passare
la dogana. All'interno dell'Unione Europea non
vengono invece eseguiti controlli di frontiera.

» **Salute**
I cittadini dell'Unione Europea possono usufruire di servizi sanitari gratuiti presentando
la tessera di assicurazione sanitaria europea.
La tessera può essere richiesta presso la propria cassa malattia o compagnia assicurativa.
Attenzione: ciascun membro della famiglia
deve avere la propria tessera.

Fumo
In Belgio vige il divieto di fumare in bar, ristoranti ed edifici pubblici. I fumatori accaniti si
fermano perlopiù all'esterno, dove di solito
c'è ad attenderli un apposito posacenere.

Informazioni turistiche
Vi sono tre uffici per informazioni turistiche a
Bruges. Uno è ubicato al Concertgebouw, un
altro all'Historium, aperto di recente, ed il ter-
zo alla stazione.
» **Ufficio per informazioni turistiche Markt
(Historium)**
Markt 1
Quotidiano: ore 10:00-17:00;
Chiuso a Natale e Capodanno.
» **Ufficio per informazioni turistiche
't Zand (Concertgebouw)**
't Zand 34
Lunedì-sabato: ore 10:00-17:00;
Domenica e festivi: ore 10:00-14:00;
Chiuso a Natale e Capodanno.
» **Ufficio per informazioni turistiche
Stationsplein (Station, Stazione)**
Stationsplein
Lunedì-venerdì: ore 10:00-17:00;
Sabato e domenica: ore 10:00-14:00;
Chiuso a Natale e Capodanno.

Mercato
» **Lunedì**
08:00-13:00 | Onder de Toren - Lissewege |
generico
» **Mercoledì**
08:00-13:00 | Markt | articoli alimentari & fiori
» **Venerdì**
08:00-13:00u | Marktplein - Zeebrugge |
tutti i tipi
» **Sabato**
08:00-13:00 | 't Zand & Beursplein | tutti i tipi

» **Domenica**
08:00-13:00 | Veemarkt, Sint-Michiels |
tutti i tipi
» **Dal martedì al sabato**
08:00-13:00 | Vismarkt | pesce
» **Sabato, Domenica, ponti e festivi: periodo dal 15 marzo al 15 novembre + venerdì
da giugno a settembre**
10:00-18:00 | Dijver & Vismarkt| antiquariato,
pulci e artigianato

Punti di noleggio biciclette

Fietspunt Station (Stazione)
INDIRIZZO > Hendrik Brugmansstraat 3
(via parallela della piazza della stazione)
COSTO > 1 ora: € 4,00; 4 ore: € 8,00; giornaliero: € 12,00 (Brugge City Card: € 9,00)
APERTURA > da lunedì a venerdì 07:00-
19:30, fine settimana e festivi (1/4-15/11):
09:00-21:40
CONTATTI > tel. +32 (0)50 39 68 26

De Ketting
INDIRIZZO > Gentpoortstraat 23
COSTO > biciclette municipali: € 6,00/al
giorno, bici elettriche: € 20,00/al giorno
APERTURA > 7/7; 10:00-18:30
CONTATTI > tel. +32 (0)50 34 41 96,
www.deketting.be

Eric Popelier
INDIRIZZO > Mariastraat 26
COSTO > 1 ora: € 4,00; 4 ore: € 8,00; giornaliero: € 12,00 (Brugge City Card: € 9,00). Costo
tandem 1 ora: € 10,00; 4 ore: € 17,00; giornaliero: € 25,00 (Brugge City Card: € 18,75); tariffe
speciali per studenti
APERTURA > 7/7; 09:00-19:00
EXTRA > tandems
CONTATTI > tel. +32 (0)50 34 32 62,
www.fietsenpopelier.be

Koffieboontje
INDIRIZZO > Hallestraat 4
COSTO > 1 ora: € 4,00; 4 ore: € 8,00; giornaliero: € 12,00 (Brugge City Card: € 9,00), studenti:
€ 9,00. Costo tandem 1 ora: € 10,00; 4 ore:
€ 18,00; giornaliero: € 25,00
APERTURA > 7/7; 09:00-22:00
EXTRA > tandem, bici da traino (per bambini), seggiolini per bambini, caschetti per bam-

bini, passeggini e sedie a rotelle, cartina ciclabile omaggio
CONTATTI > tel. +32 (0)50 33 80 27,
www.adventure-bike-renting.be

Bauhaus Bike Rental
INDIRIZZO > Langestraat 145
COSTO > 3 ore: € 6,00; giornaliero: € 10,00
(Brugge City Card: € 6,00)
APERTURA > 7/7; 09:00-21:00 (le bici vanno
restituite entro le ore 21:00)
CONTATTI > tel. +32 (0)50 34 10 93,
www.bauhaus.be/bikes.html

Snuffel Backpacker Hostel
INDIRIZZO > Ezelstraat 47-49
COSTO > giornaliero: € 8,00
APERTURA > 7/7; 08:00-20:00
EXTRA > cartina ciclabile omaggio
CONTATTI > tel. +32 (0)50 33 31 33,
www.snuffel.be

B-Bike Concertgebouw
INDIRIZZO > 't Zand
COSTO > 1 ora: € 4,00; 4 ore: € 8,00; giornalie-
ro: € 12,00 (Brugge City Card: € 9,00)
APERTURA > 1/4-15/10, tutti i giorni, 10:00-
12:00 e 13:00-19:00. 16/10-31/3, soltanto nel
fine settimana 10:00-12:00 e 13:00-19:00
CONTATTI > tel. +32 (0)479 97 12 80

City Card 🚲 Bruges Bike Rental

INDIRIZZO > Niklaas Desparsstraat 17
COSTO > 1 ora: € 3,50; 2 ore: € 5,00; 4 ore:
€ 7,00; giornaliero: € 10,00 (Brugge City Card:
€ 7,50), studenti: € 8,00. Costo tandem: 1 ora:
€ 8,00; 2 ore: € 12,00; 4 ore: € 15,00; giornaliero:
€ 20,00 (Brugge City Card: € 15,00)
APERTURA > 7/7; 10:00-22:00
EXTRA > tandem, cestini, borse, seggiolini
bambini e fermapacchi
CONTATTI > tel. +32 (0)50 61 61 08,
www.brugesbikerental.be

Orari d'apertura

La maggioranza dei negozi apre alle ore 10:00
e chiude alle 18:00 o 18:30 dal lunedì al sabato.
Alcuni punti vendita sono aperti anche la domenica pomeriggio.

Bar e ristoranti non hanno orari di chiusura
(fissi). Talvolta restano aperti fino alle prime
ore del mattino, altre volte, in base al numero
di ospiti, chiudono prima.

Parcheggi

Bruges è una città a misura d'uomo. I principali siti di interesse turistico si trovano infatti
a breve distanza dalla sua sistemazione, qualunque essa sia. Per tutelare il fascino e l'ac-
cessibilità del centro storico, si è deciso di li-
mitare la durata delle soste lungo le vie del
centro (max. 4 ore nelle zone blu e 2 ore nei
parcheggi a pagamento del centro storico).
I parcheggi sotterranei rappresentano un'alternativa facile e conveniente. Il parcheggio
più grande e vantaggioso è quello della stazione. Il costo è di € 3,50 al giorno, trasferi-
mento gratuito in autobus con De Lijn da e
verso il centro città compreso per quatro pas-
seggeri. Ogni due minuti parte un autobus
navetta diretto verso il centro. I parcheggi pe-
riferici Park&Ride si trovano a breve distanza
dal centro. Qui è possibile parcheggiare gratis
e più a lungo. Il centro è raggiungibile a piedi
o in autobus.

Parcheggio Centrum-Zand

CAPACITÀ > 1400
ORARIO DI APERTURA > 24 ore su 24,
7 giorni su 7

TARIFFA > prezzo giornaliero: max. € 8,70/
parcheggio per 24 ore| tariffa oraria: € 1,20;
dalla seconda ora, si paga per quindici minuti.

Parcheggio Centrum-Station

CAPACITÀ > 1500
ORARIO DI APERTURA > 24 ore su 24,
7 giorni su 7
TARIFFA > tariffa oraria: € 0,70
Max. € 3,50/24 ore

Piscine

» **11** Interbad

INFO > Veltemweg 35, Sint-Kruis; tel. +32 (0)50
35 07 77, interbad@skynet.be; bus: n° 11,
fermata: Sint-Andreaslyceum

» **12** Jan Guilini

INFO > Keizer Karelstraat 41, tel. +32 (0)50 31
35 54; informazioni presso l'Assessorato allo
sport di Bruges (tel. +32 (0)50 72 70 00,
sportdienst@brugge.be); bus: n° 9, fermata:
Visartpark

» **13** Olympia

Spettatori (in tribuna): € 0,25
INFO > Doornstraat 110, Sint-Andries, tel. +32
(0)50 39 02 00, olympiabad@west-vlaande-
ren.be, www.west-vlaanderen.be/olympia-
bad; bus: n° 25, fermata: Jan Breydel

Tutti gli orari di apertura sono disponibili
presso gli **i** uffici informazioni Markt
(Historium), 't Zand (Concertgebouw) e
Stationsplein (Station, Stazione).

Servizi religiosi

» **Basiliek van het Heilig Bloed**
(Basilica del Sacro Sangue)
tutti i giorni (tranne la dom): 11:00
» **Begijnhofkerk**
(Chiesa del Beghinaggio)
lun-sab: 07:15, dom: 09:30
» **English Church**
(rito anglicano in lingua inglese)
Cappella di San Pietro, Keersstraat 1
dom: 18:00
» **Heilige Familiekerk (Sacra Famiglia)**
sab: 17:30

» **Heilige Magdalenakerk
(Santa Maddalena)**
dom: 11:30
» **Jezuïetenhuis (Gesuiti)**
lun-ven: 12:00, sab: 17:00, dom: 11:30
» **Kapucijnenkerk (Cappucini)**
lun-ven: 08:00, sab: 18:00, dom: 07:00 e 10:30
» **Karmelietenkerk (Carmelitani)**
lun-ven: 07:00, sab: 18:00, dom: 10:00
» **Onze-Lieve-Vrouwekerk
(Nostra Signora)**
lun-ven: 09:00, sab: 17:30, dom: 11:00
» **Onze-Lieve-Vrouw-ter-Potteriekerk
(Nostra Signora della Potterie)**
lun-ven: 06:45, dom: 07:00 e 09:30
» **Onze-Lieve-Vrouw-van-Blindekenskapel
(Nostra Signora dei Ciechi)**
sab: 18:00
» **Orthodoxe Kapel (Chiesa Ortodossa)**
Ezelstraat 85
sab: 18:00, dom: 09:00
» **Sint-Gilliskerk (Sant'Egidio)**
dom: 10:00
» **Sint-Godelieveabdij
(Badia di Santa Godeleva)**
lun-sab: 08:25, dom: 09:30 u
» **Sint-Jakobskerk (San Giacomo)**
sab: 18:30
» **Sint-Salvatorskathedraal
(San Salvatore)**
lun-ven: 18:00, sab: 16:00, dom: 10:30
» **Sint-Walburgakerk (Santa Valpurga)**
dom: 19:00
» **Verenigde Protestantse Kerk
(Unione delle Chiese Protestanti)**
't Keerske, Keersstraat 1
dom: 10:00
» **Vrije Evangelische Kerk
(Chiesa Libera Evangelica)**
Naaldenstraat 18
dom: 10:00

Taxi

FERMATE > Markt (Piazza del mercato)
& Stationsplein (Piazza della stazione)

Telefonia

Ora che quasi tutti hanno un telefono cellulare, le cabine telefoniche a Bruges sono davvero poche. Per chiamare a Bruges dall'estero, selezionare +32 seguito dal prefisso teleselettivo 50 (omettendo lo 0).

Toilette

Bruges offre una serie di toilette pubbliche (vedi cartina, foglio interno della guida). Alcune sono accessibili ai disabili, altre dispongono di fasciatoio per il cambio dei più piccoli. Altra possibilità sono i bagni dei grandi magazzini. Quando gli abitanti di Bruges necessitano di toilette, entrano in genere in un bar per ordinare qualcosa e usufruire nell'attesa dei servizi igienici.

Trasporti pubblici

▶ ▨ Autobus

I mezzi di trasporto pubblico rappresentano un'ottima scelta per chi desidera scoprire la città. Il centro città e la stazione sono collegati dagli autobus navetta della compagnia De Lijn, con partenza prevista ogni 2 minuti. Dalla Bargeplein (cartina F13), nei pressi della fermata per i pullman, parte di frequente anche un autobus verso la stazione e il centro. Sulla cartina (inserto pieghevole lato interno copertina) sono indicate tutte le fermate di autobus con la relativa icona.

▶ Biglietti

» **Punti vendita (acquisto a terra)**
Punto vendita della società De Lijn, Stationsplein (lato anteriore Stazione Ferroviaria)
Concertgebouw, 't Zand
Diverse librerie, edicole e grandi magazzini
> centro città
» **Sportelli automatici De Lijn**
Punto vendita della società De Lijn, Stationsplein (lato anteriore Stazione Ferroviaria)
Alla fermata del bus, 't Zand
» **Info**   www.delijn.be

Uffici postali

» **BPost Markt**
Markt 5 | cartina: E8
» **BPost Beursplein**
Sint-Maartensbilk 14 | cartina: B10

Esplorando Bruges

Ammettiamolo, puoi anche passeggiare e girare da solo per una giornata o un fine settimana, ma a volte devi pur vedere le cose da un altro punto di vista. Una guida, durante una passeggiata o un giro in bicicletta, può mostrarti tanti luoghi nascosti; un giro in barca lungo canali suggestivi è indimenticabile e un viaggio in carrozza è senza dubbio il massimo del romanticismo. E per i più sportivi ci sono anche i tour della città guidati da fare correndo.
O forse vuoi semplicemente farti portare da un'attrazione turistica all'altra in modo veloce e comodo? A questo pensano le gite in minibus, offrendoti nel frattempo anche delle spiegazioni.
E che ne pensi di un volo in mongolfiera o di un'escursione in Vespa o in uno scooter elettrico? A te la scelta!

🟥🚤 Bruges in barca

Una visita a Bruges non è completa senza un giro lungo i suoi canali. Puoi imbarcarti presso uno dei cinque punti d'attracco (vedi cartina della città) per un giro in barca di mezz'ora che ti permetterà di ammirare i luoghi più particolari della città da un'altra prospettiva. Da marzo a novembre, tutti i giorni, 10:00-18:00

COSTO > € 7,60; bambini dai 4 agli 11 anni (accompagnati da un adulto): € 3,40; bambini fino ai 3 anni: ingresso libero; Brugge City Card (1/3 > 15/11): ingresso libero

Bruges a piedi

Se non sei ancora stanco di camminare e desideri la guida di un esperto, recati allora al **i** 't Zand (Concertgebouw). Qui potrai iscriverti, anche se sei da solo, per un'interessante passeggiata guidata della durata di due ore. Lingue: neerlandese, francese, inglese

🟥 Gennaio/ febbraio/ marzo/ novembre/ dicembre: lu, merc, sa e do
Aprile/ maggio/ giugno/ settembre/ ottobre: nel fine settimana
Luglio/ agosto + vacanze di Pasqua (1/4-14/4) + Seconda Ascensione (10/5): ogni giorno
Partenza la domenica e nei giorni festivi*: 10:30
Altri giorni alle 14:30 (apr-ott) o alle 16:00 (nov-mar)
giorni festivi: Ascensione di N.S. (15/8), Ognissanti (1/11), Ricordo dell'Armistizio del 1918 (11/11) e Natale (25/12)

COSTO > € 9,00; bambini fino ai 11 anni: ingresso libero, passeggiate in gen, feb, marzo, nov, dic: gratis con la Brugge City Card

TICKETS > ufficio informazioni 't Zand (Concertgebouw) e www.ticketsbrugge.be

Bruges di corsa

Tourist Run Brugge – trans misses

Percorrerai correndo – a velocità mode-

rata – con la guida strade e vicoletti di Bruges. Poiché il tour si svolge o al mattino presto (prima che la città si svegli) o al crepuscolo (dissipata la folla pomeridiana), potrai ammirare la città in tutto il suo splendore. Il percorso è di 9,5 km. Con le spiegazioni di cui godrai durante la corsa, devi prevedere una durata di circa 1/1,5 ore. Partenza e arrivo sono fissati al Markt, ai piedi del monumento di Jan Breydel e Pieter de Coninck. Sabato e prefestivi alle ore 18:30, domenica e festivi alle ore 08:00. Obbligatoria la prenotazione. Per gruppi sono possibili organizzazioni speciali.

COSTO > € 15,00 (compresi bibita, barretta energetica e piantina con consigli)
INFO > tel. +32 (0)473 88 37 17, www.touristrunbrugge.be

Bruges in carrozza

Il giro in carrozza della durata di mezz'ora per storiche vie tortuose ha il suo inizio sul Markt (mercoledì mattino sul Burg). A circa metà percorso, cavallo e carrozza si fermano brevemente davanti al Beghinaggio. Durante l'escursione, il cocchiere offre spiegazioni dettagliate. 9:00-18:00, in luglio e agosto fino alle 22:00

COSTO > € 39,00 a carrozza; max. 5 persone a carrozza

INFO > www.brugge.be/toerisme

Bruges in mongolfiera

Bruges Ballooning

Scopri la città in mongolfiera con Bruges Ballooning. Un volo diurno (compresa la colazione con champagne) o serale (compresi champagne, spuntino e birre) dura 3 ore, di cui minimo un'ora in aria! Esclusivamente su richiesta, puoi però prenotare la mongolfiera alcune ore prima della partenza il giorno stesso.

COSTO > € 170,00; bambini fino ai 12 anni: € 110,00; Brugge City Card: € 127,50

INFO > tel. +32 (0)475 97 28 87 oppure www.bruges-ballooning.com

Bruges in bus

City Tour Bruges

I minibus attraversano i diversi punti d'interesse turistico di Bruges. Partono ogni ora dal Markt per un percorso di 50 minuti. Cuffie singole garantiscono spiegazioni individuali in neerlandese, francese, inglese, tedesco, spagnolo, italiano e giapponese. Il primo bus parte alle 10:00. L'ultimo parte alle 16:00 in gennaio e febbraio, alle 17:00 in marzo, novembre e dicembre, alle 18:00 in ottobre, alle 19:00 in aprile, maggio e giugno, e alle 20:00 in luglio, agosto e settembre.

COSTO > € 16,00; bambini dai 6 agli 11 anni: € 9,50; Brugge City Card: € 12,00

INFO > tel. +32 (0) 50 35 50 24 (lun-ven: 10:00-12:00) oppure info@citytour.be, www.citytour.be

Bruges in bicicletta

QuasiMundo Biketours Bruges

> "Bruges in bicicletta", dalle 10:00-12:30, tutti i giorni da marzo a novembre. Scoprirai il carattere medievale della vecchia città portuale lungo le sue stradine. Gli avvincenti racconti della guida ti faranno tornare indietro ai tempi dei cavalieri e dei signori che governavano la città. Strada facendo ti fermerai ovviamente per una birra belga.

> "L'Ommeland in bicicletta", dalle 13:00-17:00, tutti i giorni da marzo a novembre. Un giro della campagna intorno a Bruges. Attraverserai piccole città medievali come Damme, quieti villaggi di campagna fiamminghi e canali perpendicolari.

Appuntamento sul Burg, ai piedi del monumento 'De Geliefden' (Gli Amanti), 10 minuti prima della partenza. Le lingue ufficiali sono neerlandese e inglese. Prenotazione consigliata.

COSTO > € 27,00; giovani fino ai 26 anni: € 25,00; bambini fino agli 8 anni: gratis; compresi accompagnatore, impermeabile, acqua e una bevanda in un bar del posto. Se porti la propria bicicletta, il costo è € 16,00.

INFO > tel. +32 (0)50 33 07 75, www.quasimundo.com

The Pink Bear Bike Tours

A solo cinque minuti da Bruges si estende una delle più belle campagne d'Europa. Visiterai in bicicletta la storica Damme, una bella città di mercato medievale che un tempo fungeva da porto di Bruges. Un accompagnatore ti mostrerà i posti più suggestivi dei polder. Si sosterà naturalmente in un accogliente locale dove potrai assaggiare una birra belga e/o un wafer. Tornerai percorrendo gli argini di un canale piantato a pioppi e scoprirai diversi splendidi angoli nascosti di Bruges. Dalle 10:25-14:00. Appuntamento alla Torre Civica. La lingua ufficiale è l'inglese (gli accompagnatori sono poliglotti!). Accompagnatore in francese disponibile su richiesta. Di norma il tour è disponibile tutti i giorni. Nei mesi di gennaio e febbraio esclusivamente su prenotazione.

COSTO > € 23,00; giovani fino ai 26 anni: € 21,00; bambini fino agli 8 anni: gratis. Se porti la propria bicicletta, il costo è € 16,00.

INFO > tel. +32 (0)50 61 66 86, www.pinkbear.freeservers.com

The Green Bike Tour/
The Sun Bike Tour

Con un accompagnatore percorrerai, lungo i polder, la campagna intorno a Bruges. Ci si fermerà nei luoghi più importanti come la medievale Damme per una spiegazione extra. Dalle 10:00 fino al primo pomeriggio da aprile a ottobre, fuori stagione su richiesta. Novità 2013: i giri in tandem. Appuntamento al Concertgebouw. Le lingue ufficiali sono neerlandese, francese o inglese, prenotazione consigliata.

COSTO > € 15,00; se porti la tua bicicletta, il costo è di € 9,00.

INFO > tel. +32 (0)50 61 26 67, arlando@pandora.be

Gli indirizzi per il noleggio di bici sono disponibili nel capitolo Informazioni pratiche, *a pagina 21*

Bruges e dintorni in motorino

Electric Scooters

Per chi vuole scoprire Bruges in moto, ma comunque in maniera rapida, silenziosa ma soprattutto ecologica. gio-dom: ore 10:00-12:00 e 14:00-18:00

COSTO (CASCO COMPRESO) > Per uno scooter di classe A/1 persona: 2 ore: € 30,00; 4 ore: € 50,00. Scooter di classe A/2 persone: 4 ore: € 50,00; 8 ore: € 65,00 (con la Brugge City Card sconto sul prezzo giornaliero: € 48,75).

Per uno scooter di classe B/2 persone: 4 ore: € 55,00; 8 ore: € 75,00 (con la Brugge City Card sconto sul prezzo giornaliero: € 56,25).

CONDIZIONI > età minima conducente = 23 anni; per uno scooter di classe B: patente A3 o B; cauzione di € 100,00 da versare prima della partenza.

APERTURA > gio-dom: ore 10:00-12:00 e 14:00-18:00

INFO > Gentpoortstraat 62, tel. +32 (0)51 57 00 02, www.electric-scooters.be

Giri in Vespa

Esplora i dintorni di Bruges (Brugse Ommeland) con stile: prenota un giro guidato su una fantastica Vespa e attraversa polder verdi, pittoreschi villaggi e paesaggi mozzafiato. Sul percorso si prevedono diverse sorprendenti soste.

Scegli tra metà giro giornaliero o giro giornaliero completo. Prenotazione obbligatoria. Partenza a 't Zand. Spiegazione in neerlandese, francese e inglese.

COSTO > ½ giro giornaliero: 1 persona a Vespa: € 65,00; 2 persone a Vespa: € 80,00; giro intero: 1 persona a Vespa: € 100,00; 2 persone a Vespa: € 115,00; compresi caschi, accompagnatore esperto, assicurazione.

CONDIZIONI > età minima per il conducente 21 anni, patente B, cauzione di € 200,00 da versare prima della partenza. NOVITÀ 2013: Cook & Drive a Vespa, un programma per l'intera giornata costituito da un mix di cucina e giro turistico.

INFO > tel. +32 (0)497 64 86 48, bdpvespatours@gmail.com oppure www.vespatours-brugge.be

Ristoranti premiati

Non per niente Bruges è un centro della gastronomia mondiale. La città si è garantita un posto di rilievo grazie a un elenco impressionante di ristoranti di altissimo livello.

Michelin 2013 Fonte: Guida Michelin Belgio e Lussemburgo 2013

» **De Karmeliet** ★★★   Chef Geert Van Hecke, Langestraat 19, 8000 Brugge, tel. +32 (0)50 33 82 59, www.dekarmeliet.be

» **Hertog Jan** ★★★   Chef Gert De Mangeleer, Torhoutse Steenweg 479, 8200 Sint-Michiels, tel. +32 (0)50 67 34 46, www.hertog-jan.com

» **Danny Horseele** ★★   Chef Danny Horseele, Stationsweg 45c, 8380 Dudzele, tel. +32 (0)50 32 10 32, www.restaurantdannyhorseele.be

» **De Jonkman** ★★   Chef Filip Claeys, Maalse Steenweg 438, 8310 Sint-Kruis, tel. +32 (0)50 36 07 67, www.dejonkman.be

» **A'Qi** ★   Chef Arnold Hanbuckers, Gistelse Steenweg 686, 8200 Sint-Andries, tel. +32 (0)50 30 05 99, www.restaurantaqui.be

» **Den Gouden Harynck** ★   Chef Philippe Serruys, Groeninge 25, 8000 Brugge, tel. +32 (0)50 33 76 37, www.goudenharynck.be

» **Auberge De Herborist** ★   Chef Alex Hanbuckers, De Watermolen 15, 8200 Sint-Andries, tel. +32 (0)50 38 76 00, www.aubergedeherborist.be

» **Sans Cravate** ★   Chef Henk Van Oudenhove, Langestraat 159, 8000 Brugge, tel. +32 (0)50 67 83 10, www.sanscravate.be

GaultMillau 2013 Fonte: GaultMillau, Belux 2013

» **Hertog Jan** (18,5/20)   Chef Gert De Mangeleer, Torhoutse Steenweg 479, 8200 Sint-Michiels, tel. +32 (0)50 67 34 46, www.hertog-jan.com

» **Danny Horseele** (18/20)   Chef Danny Horseele, Stationsweg 45c, 8380 Dudzele, tel. +32 (0)50 32 10 32, www.restaurantdannyhorseele.be

» **De Karmeliet** (18/20)   Chef Geert Van Hecke, Langestraat 19, 8000 Brugge, tel. +32 (0)50 33 82 59, www.dekarmeliet.be

» **De Jonkman** (18/20)   Chef Filip Claeys, Maalse Steenweg 438, 8310 Sint-Kruis, tel. +32 (0)50 36 07 67, www.dejonkman.be

» **A'Qi** (17/20)   Chef Arnold Hanbuckers, Gistelse Steenweg 686, 8200 Sint-Andries, tel. +32 (0)50 30 05 99, www.restaurantaqui.be

» **Den Gouden Harynck** (17/20)   Chef Philippe Serruys, Groeninge 25, 8000 Brugge, tel. +32 (0)50 33 76 37, www.goudenharynck.be

» **Auberge De Herborist** (16/20)   Chef Alex Hanbuckers, De Watermolen 15, 8200 Sint-Andries, tel. +32 (0)50 38 76 00, www.aubergedeherborist.be

» **Sans Cravate** (16/20)   Chef Henk Van Oudenhove, Langestraat 159, 8000 Brugge, tel. +32 (0)50 67 83 10, www.sanscravate.be

» **Zeno** (16/20)   Chef Reinout Reniere, Vlamingstraat 53, 8000 Brugge, tel. +32 (0)50 68 09 93, www.restaurantzeno.be

» **'t Pandreitje** (15/20)   Chef Guy Van Neste, Pandreitje 6, 8000 Brugge, tel. +32 (0)50 33 11 90, www.pandreitje.be

» **Patrick Devos** (15/20)   Chef Patrick Devos, Zilverstraat 41, 8000 Brugge, tel. +32 (0)50 33 55 66, www.patrickdevos.be

» **Tanuki** (15/20)   Chef Ivan Verhelle, Oude Gentweg 1, 8000 Brugge, tel. +32 (0)50 34 75 12, www.tanuki.be

» **Bistro Refter** (14/20)   Chef Frederiek Hoorne, Molenmeers 2, 8000 Brugge, tel. +32 (0)50 44 49 00, www.bistrorefter.be

» **Bonte B** (14/20)   Chef Bernard Bonte, Dweersstraat 12, 8000 Brugge, tel. +32 (0)50 34 83 43, www.restaurantbonteb.be

» **Goffin** (14/20)   Chef Timothy Goffin, Maalse Steenweg 2, 8310 Sint-Kruis, tel. +32 (0)50 68 77 88, www.timothygoffin.be

» **Le Manoir Quatre Saisons** (14/20)   Chef Olivier Christiaens, Heilige-Geeststraat 1, 8000 Brugge, tel. +32 (0)50 34 30 01, www.castillion.be

» **Rock Fort** (14/20)   Chef Hermes Vanliefde, Langestraat 15, 8000 Brugge, tel. +32 (0)50 33 41 13, www.rock-fort.be

» **The Sixties** (14/20)   Hotel Ravestein, Chef Valentin Henneman, Molenmeers 11, 8000 Brugge, tel. +32 (0)50 47 69 47, www.restaurantsixties.be

» **'t Stil Ende** (14/20)   Chef Frank Dehens, Scheepsdalelaan 12, 8000 Brugge, tel. +32 (0)50 33 92 03, www.stilende.be

» **Weinebrugge** (14/20)   Chef Benny De Bruyn, Leikendreef 1, 8200 Sint-Michiels, tel. +32 (0)50 38 44 40, www.weinebrugge.be

» **Burg 9** (13/20)   Chef Kristof de Kroon, Burg 9, 8000 Brugge, tel. +32 (0)50 33 35 99, www.burg9.be

» **De Visscherie** (13/20)   Chef Björn Verriest, Vismarkt 8, 8000 Brugge, tel. +32 (0)50 33 02 12, www.visscherie.be

» **Den Dyver** (13/20)   Chef Achim Vandenbussche, Dijver 5, 8000 Brugge, tel. +32 (0)50 33 60 69, www.dyver.be

» **Kardinaalshof** (13/20)   Chef Stefan Dekerf, Sint-Salvatorskerkhof 14, 8000 Brugge, tel. +32 (0)50 34 16 91, www.kardinaalshof.be

» **La Tâche** (13/20)   Chef Olivier Monbailliu, Blankenbergse Steenweg 1, 8000 Sint-Pieters, tel. +32 (0)50 68 02 52, www.latache.be

» **Lieven** (13/20)   Chef Lieven Vynck, Philipstockstraat 45, 8000 Brugge, tel. +32 (0)50 68 09 75, www.etenbijlieven.be

» **Tête Pressée** (13/20)   Chef Pieter Lonneville, Koningin Astridlaan 100, 8200 Sint-Michiels, tel. +32 (0)470 21 26 27, www.tetepressee.be

» **'t Zwaantje** (13/20)   Chef Geert Vanhee, Gentpoortvest 70, 8000 Brugge, tel. +32 (0)473 71 25 80, www.hetzwaantje.be

» **Channel 16** (👍)   Werfkaai 16, 8380 Zeebrugge, tel. +32 (0)50 60 16 16, www.ch16.be

» **De Florentijnen** (👍)   Academiestraat 1, 8000 Brugge, tel. +32 (0)50 67 75 33, www.deflorentijnen.be

» **De Mangerie** (👍)   Oude Burg 20, 8000 Brugge, tel. +32 (0)50 33 93 36, www.mangerie.com

» **Duc de Bourgogne** (👍)   Huidenvettersplein 12, 8000 Brugge, tel. +32 (0)50 33 20 38, www.ducdebourgogne.be

» **Huyze Die Maene** (👍)   Markt 17, 8000 Brugge, tel. +32 (0)50 33 39 59, www.huyzediemaene.be

» **'t Jong Gerecht** (👍)   Langestraat 119, 8000 Brugge, tel. +32 (0)50 31 32 32, www.tjonggerecht.be

» **Kwizien Divien** (👍)   Hallestraat 4, 8000 Brugge, tel. +32 (0)50 34 71 29, www.kwiziendivien.be

» **Parkrestaurant** (👍)   Minderbroedersstraat 1, 8000 Brugge, tel. +32 (0)497 80 18 72

Bib Gourmand 2013   Fonte: Bib Gourmand Benelux 2013

» **Assiette Blanche**   Chef Stefaan Timmerman, Philipstockstraat 23-25, 8000 Brugge, tel. +32 (0)50 34 00 94, www.assietteblanche.be

» **'t Apertje**   Chef Leo Callewaert, Damse Vaart-Zuid 223, 8310 Sint-Kruis, tel. +32 (0)50 35 00 12, www.apertje.be

» **Bistro Refter**   Chef Frederiek Hoorne, Molenmeers 2, 8000 Brugge, tel. +32 (0)50 44 49 00, www.bistrorefter.be

» **Bistro Kok au Vin**   Chef Jürgen Aerts, Ezelstraat 21, 8000 Brugge, tel. +32 (0)50 33 95 21, www.kok-au-vin.be

» **Channel 16**   Chef Christian Van den Ouden, Werfkaai 16, 8380 Zeebrugge, tel. +32 (0)50 60 16 16, www.ch16.be

» **Kurt's Pan**   Chef Kurt Van Daele, Sint-Jakobsstraat 58, 8000 Brugge, tel. +32 (0)50 34 12 24, www.kurtspan.be

» **Tête Pressée**   Chef Pieter Lonneville, Koningin Astridlaan 100, 8200 Sint-Michiels, tel. +32 (0)470 21 26 27, www.tetepressee.be

» **Restaurant Pergola**   Chef Nick Coppens, Meestraat 7, 8000 Brugge, tel. +32 (0)50 44 76 50, www.pergolakaffee.be

Pernottare a Bruges

Che scegliate un raffinato hotel a più stelle, un b&b di charme, un ostello economico o una casa vacanza tradizionale, una cosa è certa: il vostro soggiorno a Bruges sarà caratterizzato da stile e raffinatezza e le possibilità di scelta non mancheranno. Una soluzione su misura per ogni esigenza!

Sul retro della pratica cartina – estraibile dall'ultima di copertina della guida – sono elencate gli indirizzi di alloggio autorizzati. Le strutture sono classificate in base al tipo di offerta. Inoltre, per ogni indirizzo sono riportate le relative indicazioni stradali per raggiungerlo in auto o con il trasporto pubblico.

È inoltre possibile effettuare prenotazioni online mediante il sito www.bruges.be/ tourism o direttamente presso la struttura scelta.

Souvenir da Bruges

Non c'è niente di più triste che tornarsene a casa con un souvenir bruttino, destinato a finire immediatamente in un cassetto. Ma se la vostra destinazione è Bruges non deve necessariamente finire così. Questa città, inserita nel Patrimonio mondiale dell'umanità, saprà infatti stupirvi con un'ampia scelta di oggetti ed accessori da cui farete fatica a separarvi. Dai pizzi più elaborati ed i diamanti più splendenti alle birre locali, passando per un cioccolato irresistibile. È tutto così buono e così bello che resistere sarà difficile!

Grazie al fatto che Bruges è facilmente accessibile e le vie commerciali sono tutte vicine, fare shopping in centro è un'esperienza davvero piacevole. Tra le note catene commerciali si trovano ancora diverse boutique e chi abbandona le affollate vie dello shopping non mancherà di fare interessanti scoperte.

Le principali vie dello shopping si estendono tra il mercato e le vecchie porte cittadine (l'area commerciale è indicata in giallo sulla piantina). Tra la Noordzandstraat e la Zuidzandstraat si cela il piccolo, ma elegante, centro commerciale Zilverpand. Ogni quartiere emana un'atmosfera propria. Nelle grandi vie di negozi troverete marchi e nomi famosi, mentre la Langestraat, ad esempio, è ricca di botteghe di articoli di seconda mano e amenità.

Merletto

Non avete voglia di comprare i soliti souvenir? Perché non optare per un merletto autentico di Bruges? Un lavoro delicato, realizzato interamente a mano, dall'ottima reputazione. Il legame tra Bruges ed il merletto è infatti fortissimo, ed è antico di secoli. Migliaia di donne e ragazze hanno creato con le proprie mani la fama mondiale del merletto di Bruges, guadagnando nel frattempo qualche soldo in più per sé e per la pro-

pria famiglia. C'è stato un tempo in cui addirittura la metà delle donne di Bruges lavorava in questo settore. Oggi c'è ancora la possibilità di vedere qualche merlettaia in azione. Vi sfidiamo a seguire con gli occhi le loro mani velocissime e il movimento dei fuselli. Ve la sentireste di cimentarvi? Nel Centro del Merletto è possibile. Qui, le merlettaie più esperte saranno felicissime di insegnarvi i trucchi del mestiere. Per maggiori informazioni vedere pagina 84.

Birra

Inutile negarlo. Gli abitanti di Bruges non dicono mai di no ad una buona birra, soprattutto se è locale. Logico che Bruges possa presentarsi con almeno tre birre cittadine: la "Straffe Hendrik" e la "Brugse Zot", prodotte nel birrificio De Halve Maan, e la Bourgogne des Flandres dell'omonimo birrificio. Non si tratta di birre qualunque, ma di prodotti che hanno sa-

puto collezionare premi in tutto il mondo e non stancano mai. Insomma, birre dalla personalità così forte che non potrete fare a meno di portarle a casa con voi per condividerle con gli amici. Gli abitanti di Bruges non ve ne vorranno di certo. Vi abbiamo convinto? Tornate allora per l'annuale Festival della birra, e scoprirete altri tesori nascosti! Maggiori informazioni sul birrificio si trovano alle pagine 77-78.

Diamanti

Già nel XIV secolo la città era teatro di un commercio fiorente di diamanti, e il taglio era di alta qualità: una nuova tecnica di taglio su tornio fu infatti inventata intorno al 1476 da un orafo di Bruges, Lodewijk van Berquem. L'anno successivo, Massimiliano d'Asburgo regalò a Maria di Borgogna il primo anello di fidanzamento con diamante della storia. Dopotutto, è risaputo che i duchi di Borgogna nutrivano un grande amore per la bel-

lezza. Il laboratorio del Museo del diamante offre ai visitatori l'opportunità di imparare a giudicare il valore di un diamante, oltre ad essere una preziosa fonte d'ispirazione. A quel punto non vi resterà che applicare la teoria per giudicare nella pratica le gemme in vendita nel negozio del museo e presso i molti gioiellieri della città, per poi fare la vostra scelta... E se il budget è limitato? Nessun problema. Potrete sempre sorprendere l'amata o una persona cara con i piccoli diamanti, grezzi o tagliati, in vendita presso il negozio del museo... Per maggiori informazioni vedere pagina 79.

Cioccolato

Una vera e propria corporazione del cioccolato, il 'Brugsche Swaentje' (Bruges cigno): la deliziosa pralina locale, un interessantissimo museo e un delizioso percorso a tema. Le garanzie di qualità non mancano di certo! Bruges può infatti vantare anche il titolo di Capitale del cioccolato. In altre parole, chi riesce a resistere alla tentazione durante una visita a Bruges è un vero virtuoso! Il profumo del cioccolato pervade infatti ogni angolo della città, un po' in tutte le stagioni, e la tentazione è ovunque. La città conta anche 50 vere e proprie boutique del cioccolato, in grado di soddisfare tutti i gusti.

Dai semplici cioccolatini all'antica a preziosi gioiellini da leccarsi i baffi (magari da tenere tutti per sé?), fino ad arrivare alla magia molecolare degli chef più all'avanguardia. Altre informazioni golose su quest'argomento le trovate a pagina 79.

DE GARRE
OPUS
LATINO

Passeggiare a Bruges

» PARTENZA	🛈 't Zand (Concertgebouw) Auditorium
» DISTANZA	3 km
» ARRIVO	Antico Ospedale di San Giovanni

Itinerario 1

Bruges, orgogliosa di far parte del Patrimonio mondiale dell'Umanità

Nonostante la città sia giustamente orgogliosa di far parte del Patrimonio mondiale dell'umanità, il suo sguardo è decisamente rivolto al futuro. Questo itinerario vi permetterà di scoprire vedute famose in tutto il mondo, monumenti altissimi e piazze antichissime, rese però moderne dall'aggiunta di edifici contemporanei. È qui che s'incontrano Medioevo e presente. L'itinerario permette a chi visita Bruges per la prima volta di scoprire fin da subito l'anima della città. Ricordatevi di portare la macchina fotografica!

BRUGES, ORGOGLIOSA DI FAR PARTE DEL PATRIMONIO MONDIALE DELL'UMANITÀ

Oude Zak — Sint-Jakobsplein — Hof Sebrechts — Leeuwstr. — Geerwijnstraat — Palmstr. — St.-Jakobsstraat — Naaldenstr. — Kuipersstraat — J. van Ooststr. — Vlamingstraat — Niklaas Desparsstr. — Kraanplein — St.-Jansplein — Wapenmakersstr. — St.-Walburgastraat — Twijnstraat — Mallebergplaats — Hoogstraat — Philipstockstraat

Muntplein — Muntpoort — Geldmuntstr. — Eiermarkt — Breidelstraat — BURG — Vismarkt — Steenhouwersdijk

MARKT — Hallestraat — Wollestraat — Huidenvettersplein — Rozenhoedkaai — Pandreitje

St.-Amandsstr. — Kleine St.-Amandsstr. — Korte Zilverstr. — Steenstraat — St.-Niklaasstr. — Oude Zonnestr. — Kartuizerinnenstr.

Prinsenhof — Ontvangersstraat — Helmstraat — Haanstraat — Wulfhagestraat — Speelmansrei — Kopstraat — Kemelstr. — Loppemstr. — Simon Stevinplein — Oude Burg — Nieuwstr. — Gruuthusestr. — Dijver — Eekhoutstr. — Geerolfstr. — Gevang — 't Pand — Willemstr. — Eekhoutpoort

Zilverstraat — Zilverpand — Giststraat — Noordzandstraat — Dweersstraat — Zilversteeg — Zuidzandstr. — Lendestr. — St.-Salvatorskerkhof — Pijperstr. — H.-Geeststr. — Kleine H.-Geeststr. — Oranjeboomstr.

Korte Vuldersstr. — Goezeputstraat — St.-Salvatorskoorstr.

Centrum 't Zand — P — PARTENZA — WC — 't Zand — Hoogste van Brugge — St.-Jan in de Meers — Bakkersstr. — Koolbrandersstr. — St.-Obrechtsstr.

Guido Gezelleplein — Mariastraat — O.L.V.-kerkhof-Zuid — Hof Arents — Groeninge

OUD SINT-JAN — Congrescentrum — ARRIVO — Kastanjeboomstraat — Stoofstraat — Walstraat — Walplein — Driekroezenstr. — Oude Gent — Nieuwe Gent

Zonnekemeers — Wevershof — Wijngaardstraat — Noordstraat — Katelijnestraat — Visspaanstraat — Werkhuisstraat

BEGIJNHOF — Begijnhof — Wijngaardplein — Minnewater — Arsenaalstraat — Sulferbergstraat

Koning Albert I-laan — Koning Albertpark — Garsoenstr. — Eiland — Unesco-rotonde

Oostmeers — Westmeers — Buiten Begijnenvest — Begijnenvest — Prof. Dr. J. Sebrechtsstraat — Minnewaterpark — Minnewater — Colettijnenstraat — Colettijnenhof — Katelijnevest — Bargeweg

Da 't Zand a Simon Stevinplein

Questo itinerario comincia all'altezza dell'ufficio informazioni i **'t Zand (Concertgebouw).**

Piazza 't Zand è dominata da un edificio moderno, di nuova costruzione, che non può fare a meno di attirare l'attenzione: l'auditorium Concertgebouw **14**. Con questa struttura, Bruges, città iscritta al Patrimonio mondiale dell'umanità, mette subito le cose in chiaro: il futuro non le fa paura. All'ultimo piano del moderno edificio cubico si trova la Sound Factory, ospitata nella cosiddetta Lantaarntoren (Torre della Lanterna) **39**. Al piano terra dell'auditorium i 't Zand (Concertgebouw) potrete trovare non solo moltissime informazioni turistiche, ma anche informazioni dettagliate su tutti gli eventi culturali della città.

Dopo aver visitato l'auditorium i **'t Zand (Concertgebouw), attraversate la piazza e prendete la prima a destra, la Zuidzandstraat. Dopo circa 300 metri, arriverete alla Cattedrale di San Salvatore** **23**, **sulla destra.**

La più antica parrocchia di Bruges si trova a livello della strada originaria, più bassa quindi rispetto all'attuale Zuidzandstraat. Nel Medioevo era normale gettare dalla finestra i rifiuti domestici, che venivano poi appiattiti e resi compatti dai carri di passaggio. A lungo andare, il livello delle strade s'innalzò. All'interno della Cattedrale di San Salvatore, è possibile accendere l'illuminazione che permette di ammirare al meglio il colmo in legno del campanile. Nella camera del tesoro della Cattedrale si trovano, tra gli altri, diversi quadri di Dieric Bouts, Hugo van der Goes e Pieter Pourbus, incisioni su rame e degli esempi di arte orafa.

Uscendo dalla Cattedrale, svoltate subito a destra per accedere al Sint-Salvatorskerkhof, il Cimitero della Cattedrale, e poi subito a sinistra nella Sint-Salvatorskoorstraat. Arriverete così a Simon Stevinplein.

Al centro di questa bella Piazza, circondata dai tavolini dei locali che ne segnano il perimetro, si erige la statua di Simon Stevin, scienziato fiammingo.

Markt e Burg

Lasciate ora Simon Stevinplein girando a sinistra e proseguite lungo la Oude Burg. Dopo un po' noterete alla vostra sinistra il mercato coperto della Torre Civica (Belfort) **04**. Attraversando i portici potrete accedere all'imponente cortile interno che è aperto ogni giorno, dalle 8:00 alle 18:00 (il sabato dalle 9:00 alle 18:00). Proseguendo nella stessa direzione arriverete alla Piazza del mercato, nota come Markt. Se invece i portici sono chiusi, tornate indietro e imboccate la Hallestraat, che corre parallela ai portici.

Per maggiori informazioni sulla Piazza del Mercato vi consigliamo di leggere l'Itinerario II, a pagina 54.

Dopo aver ammirato la Piazza del Mercato, tornate di nuovo verso la Torre Civica 04 e prendete la stradina pedonale che parte dalla Wollestraat, la Breidelstraat. Questa vi porterà fino a Piazza Burg.

Lungo la Breidelstraat noterete ad un certo punto sulla destra un vicoletto, De Garre. Nonostante questa sia la via più stretta della città (ci passano a malapena due persone una di fianco all'altra), qui troverai diversi bar molto piacevoli. Una volta arrivati al Burg, prendetevi tutto il tempo necessario per osservare con calma la piazza più sontuosa della città. Il personaggio principale dello spettacolo è il Municipio **40** **09** (1376-1420), uno dei più antichi dei Paesi Bassi e un modello di architettura gotica ripreso per la costruzione di moltissimi altri municipi, come quelli di Lovanio, Oudenaarde e la stessa Bruxelles. Dopo aver studiato con attenzione l'esterno dell'edificio, vi consigliamo di entrare all'interno. La Sala Gotica, con le impressionanti volte policrome, vi lascerà senza parole. A destra del Municipio sembra volersi nascondere la Basilica del Sacro Sangue **01**, in realtà una doppia cappella: al piano inferiore si trova infatti la Chiesa romanica di San Basilio (1139-1149).

PIAZZA BURG, UN CORSO ACCELERATO DI ARCHITETTURA!

Gli amanti dell'arte l'avranno senz'altro già notato: sulla piazza del Burg sono rappresentati tutti gli stili architettonici della storia. Un vero e proprio bignami di architettura! Dal romanico (Chiesa di San Basilio) al gotico (Municipio), dallo stile rinascimentale (Registro civile) al barocco (Prevostura) e fino allo stile neoclassico (Casa di campagna della Libertà di Bruges). Tutti riuniti in un unico posto!

01

Al piano superiore, dunque, la basilica neogotica dove viene conservata fin da tempi antichissimi la reliquia del Sangue di Cristo. Ogni anno, nel giorno dell'Ascensione, la reliquia viene portata in processione per le vie del centro, nella cosiddetta Processione del Sacro Sangue. La tradizione risale al 1304 ed è senza dubbio una delle più care agli abitanti di Bruges. Sull'angolo opposto di Piazza Burg un altro edificio attira l'attenzione con una facciata rinascimentale finemente decorata. Si tratta dell'Antico Registro civile **03** (Civiele Griffie, 1534-1537), oggi sede dell'archivio cittadino (Stadsarchief **08**). L'ingresso al Libertà di Bruges **12**, ospitato nel palazzo, si trova proprio accanto. Da vedere assolutamente è lo stupendo camino (1529) in legno di quercia, impreziosito da un fregio in alabastro. È dall'edificio accanto al Palazzo di Giustizia, il cosiddetto Libertà di Bruges (Brugse Vrije, 1722-1727), che venivano amministrate un tempo le campagne intorno a Bruges – l'edificio stesso nasce come casa di campagna. Nel 1795 assume la funzione di Tribunale, per poi diventare il centro amministrativo della città nel 1988. Di fronte al Municipio si erigeva una volta la Cattedrale di San Donaziano (Sint-Donaas), andata distrutta nel 1799. Si è conservata invece fino ai giorni nostri la Prevostura di San Donaziano (Proosdij, 1655-1666) **17**.

Storie da fiutare

È ora giunto il momento di abbandonare la piazza e di proseguire lungo la Blinde-Ezelstraat, a sinistra del Municipio. Uscendo dalla piazza, non dimenticate però di voltarvi ancora una volta ad ammirare il soffitto riccamente decorato della galleria, che collega il Municipio e il Registro civile **03**. Al centro della volta si trova Salomone, a sinistra l'immagine della Prosperità e a destra quella della Pace.

La leggenda vuole che questa strada, Blinde-Ezelstraat (Via dell'asino cieco), debba il proprio nome a… un asino cieco! Nella casa sull'angolo a sinistra, quella inclinata verso il canale, c'è stato per molti anni un mulino, che veniva azionato da un mulo. Perché il povero animale non si rendesse conto di girare sempre e solo in

bile comprare in questo luogo storico pesce di acqua salata fresco di giornata.

Tornate adesso indietro sui vostri passi. Girate a sinistra subito prima del ponte per arrivare in un'altra piazza, la Huidenvettersplein.

Mentre il Mercato del Pesce (Vismarkt) era destinato ai più abbienti, era sulla Huidenvettersplein che veniva a rifornirsi la gente del popolo. Un'altra differenza consisteva nel fatto che qui era impossibile trovare pesce di mare, c'era solo pesce d'acqua dolce, molto più a buon mercato. Il palo che si erige ancora oggi al centro della piazza aveva un fratello gemello. Tra i due era appesa la bilancia che serviva a pesare il pesce. Il grande edificio che domina la piazza era la Casa della Corporazione dei conciatori. Qui le pelli di vacca venivano trasformate in cuoio. Quest'antico mestiere era però accompagnato anch'esso da un forte odore e non è quindi per caso che la sede della corporazione si trova vicino ai due mercati del pesce! La prova? Cercate la statuina che decora l'angolo dell'edificio e non può fare a meno di arricciare il naso…

tondo, cosa piuttosto deprimente, il mugnaio pensò bene di bendarlo. E fu così che nacque il nome di questa via del centro. Dal ponte, guardando a sinistra, è possibile vedere il Meebrug, che si dice essere il ponte più antico della città. Subito dopo il ponte si arriva ad un'altra piazza, il cosiddetto Mercato del Pesce (Vismarkt) **22**. Un tempo infatti il pesce veniva venduto ad un angolo della Piazza del Mercato (Markt), ma a causa dell'odore i pescivendoli finirono per essere relegati qua. Nel 1821 venne costruito il mercato coperto, appositamente per la vendita del pesce di acqua salata, una prelibatezza che all'epoca soltanto i più ricchi potevano permettersi. Ancora oggi, nel primo pomeriggio e dal martedì al sabato, è possi-

Proseguendo da qui arriverete automaticamente al Rozenhoedkaai, il Molo del Rosario, dove dovrete tenervi sulla destra.

Questo è, tra l'altro, uno dei posti più fotografati dell'intera città! Vi consigliamo quindi di tirare fuori la macchina fotografica… Anticamente qui c'era il porto del sale. Il sale era l'oro del Medioevo, utile per conservare i cibi e dare sapore alle pietanze. Parole come salario, *salaire* e *salary* rimandano direttamente dall'epoca medievale e derivano tutte dalla parola latina *sal*, sale.

Dal Museo Groeninge al Ponte di Bonifacio

Proseguite camminando lungo il Dijver.
Molti secoli fa i druidi si riunivano lungo il canale per onorare quello che era per loro un luogo sacro. Oggi si trovano in questo luogo affascinante il Collegio d'Europa (numeri dal 9 all'11), **03**, un centro internazionale di studi post-universitari dedicato all'Europa, e il Museo Groeninge (al numero 12) **23**, il museo più celebre della città. Qui potrete ammirare i capolavori di Primitivi Fiamminghi come Jan van Eyck, Hugo van der Goes e Gerard David. Il museo possiede inoltre un'ottima collezione di lavori degli espressionisti fiamminghi, capolavori neoclassici del XVIII e XIX secolo e molta arte moderna dal dopoguerra ad oggi. Insomma, qui troverete un quadro completo di quanto di meglio la pittura del Belgio e dei Paesi Bassi meridionali ha da offrire, dal XV al XX secolo. L'ingresso al museo si raggiunge attraverso una serie

OSPIZI DI CARITÀ, SCORCIATOIA PER IL PARADISO

Gli Ospizi di Carità ("Godshuizen") vennero istituiti nel XIV secolo in base al principio cristiano della carità, talvolta dalle corporazioni, che desideravano offrire così un riparo ai membri più anziani, talvolta invece da vedove o cittadini benestanti che volevano assicurarsi un posto in paradiso. Per essere

ancora più certi di quel posto, ogni ospizio venne dotato di una cappella, e da qui gli abitanti potevano innalzare al cielo le proprie preghiere di ringraziamento. Ancora oggi, la maggior parte degli ospizi, seppur restaurati e ammodernati, ospita ancora degli anziani. Con i loro giardini ben curati e le facciate imbiancate, sono il posto migliore per concedersi una pausa. I giardini sono aperti al pubblico, l'unica condizione è che venga rispettato il silenzio. *(La mappa mostra gli Ospizi di Carità contrasegnatte con* 🏠*)*

di bellissimi cortili interni. Per saperne di più sui Primitivi Fiamminghi, vi consigliamo di leggere tutta l'intervista a Till-Holger Borchert, conservatore del Museo Groeninge, a pagina 109.

Proseguite camminando lungo il Dijver. Subito dopo il ponte, sulla sinistra, si trova l'arco d'accesso al Museo Gruuthuse 24.
Per sapere di più su Gruuthuse, vedi pagina 52 (itinerario II).

Proseguite adesso in direzione di Guido Gezelleplein. Subito prima della Chiesa di Nostra Signora (Onze-Lieve-Vrouwekerk) 15 **svoltate a sinistra e seguite il sentiero pedonale fino all'incantevole Ponte di Bonifacio (Bonifaciusbrug).**
Contrariamente a quanto si potrebbe pen-

CONSIGLIO

Se visitate il museo Gruuthuse 24, cercate la piccola cappella in velluto rosso, posto religioso di prima classe con vista sull'altare della Chiesa di Nostra Signora.

sare, le croci che vedete tutt'intorno non sono tombe, ma si trovavano una volta sulla punta dei campanili. Durante la prima guerra mondiale, infatti, le punte dei campanili vennero rimosse per disorientare i ricognitori nemici. Dopo la guerra, le croci non tornarono più al posto originario. Vicino al Ponte di Bonifacio è possibile vedere la finestra gotica più piccola della città. Per trovarla dovete guardare in alto! Da questa finestra, i signori di Casa Gruuthuse potevano vedere il pontile. Una volta attraversato il ponte, vi aspetta il pittoresco giardino Arentshof dell'elegante Casa Arents 02, risalente al XVIII secolo. Al piano superiore della casa sono esposte le opere dell'inglese Frank Brangwyn, artista poliedrico, mentre il piano inferiore è dedicato alle mostre temporanee. In giardino si nota soprattutto il gruppo scultoreo di Rik Poot, inteso a raffigurare l'Apocalisse. Qui si incontrano temi come Fame, Morte, Rivoluzione e Peste; a quest'ultimo era molto sensibile anche il pittore Hans Memling. Il cancello del giardino permette di accedere al Museo Groeninge 23, dove è possibile ammirare altre opere di Memling.

Alla volta del Beghinaggio!

Lasciate il giardino del museo di nuovo passando per il cancelletto e girate a sinistra in via Groeninge. All'incrocio con la Nieuwe Gentweg girate a destra. Lungo questa strada si trovano due Ospizi di Carità, il San Giuseppe (Sint-Jozef, risalente al XVI secolo) e il De Meulenaere (1613).

Proseguendo fino alla fine della strada, si arriva all'angolo tra la Oude Gentweg e la Katelijnestraat, dove si trova il Museo del Diamante di Bruges **18**, il museo più brillante della città è un'esperienza da non perdere per gli amanti dei gioielli. Nella città più romantica dell'emisfero occidentale non poteva di certo mancare una fonte d'ispirazione come il Museo del Diamante di Bruges!

Svoltate a sinistra nella Katelijnestraat e poi subito a destra, nella Wijngaardstraat. Dopo aver superato Wijngaardplein, fermata dei cocchieri, e una volta attraversato il ponte sulla destra, accanto alla Casa della chiusa (Sashuis), troverete l'ingresso del Beghinaggio. Dal ponte si vede uno scorcio del Minnewater, il Lago dell'Amore. Qui attraccavano un tempo le chiatte e le barche trainate che facevano la spola tra Bruges e Gand. Oggi, molti ritengono che questo sia il posto più romantico della città. Il Beghinaggio è un luogo completamente diverso, ma ricco dello stesso fascino discreto. Al giorno d'oggi il Beghi-

naggio, il cui nome ufficiale è Principesco Beghinaggio "Ten Wijngaarde" **02** **02** e che venne fondato nel 1245, non è più abitato da beghine, ma da monache benedettine. Nella Casa delle Beghine **03** non è difficile per il visitatore farsi un'idea di come dovesse essere la vita qui nel XVII secolo: il vasto cortile interno, le facciate imbiancate e un silenzio sereno creano un'atmosfera particolare. Attenzione però, l'ingresso al Beghinaggio viene chiuso alle 18:30, senza eccezioni!

Dopo aver esplorato il Beghinaggio a piacimento, uscite dall'ingresso principale. Dopo aver attraversato il ponte girate a sinistra, e poi di nuovo subito a sinistra. Arriverete così alla Walplein. Sulla destra, al numero 26, si trova il birrificio De Halve Maan (La Mezzaluna) **11**, fondato nel 1546 e rimasto oggi l'ultimo birrificio ancora attivo in città. Qui viene prodotta la birra "Brugse Zot" (*Il pazzo di Bruges*), una birra ad alta fermentazione, a base di malto, luppolo e uno speciale lievito. Il nome della birra sarebbe da ricondursi al soprannome dato da Massimiliano d'Asburgo agli abitanti della città. Questi ultimi, infatti, avevano organizzato per dargli il benvenuto un vivace corteo di festa, con festanti vestiti di tutti i colori e scherzi di ogni tipo. Quando, un po' di tempo dopo, chiesero a Massimiliano dei fondi per la costruzione di un nuovo manicomio, la sua risposta fu: "Finora non ho visto altro che pazzi, Bruges è tutta un manicomio, basta chiudere le porte della città."

L'arrivo al antico Ospedale di San Giovanni

Svoltate a sinistra in via Zonnekemeers, attraversate il canale e camminate lungo il parcheggio per accedere al Complesso del antico Ospedale di San Giovanni.

L'antico Ospedale di San Giovanni (risalente al XIII-XIV sec.) **35**, nell'angolo a destra, vanta ben otto secoli di storia. L'Ospedale viene infatti citato già in do-

cumenti del XII secolo! Qui pellegrini, viaggiatori e malati venivano curati da religiosi. Molti venivano qua per esalare l'ultimo respiro. Tra i molti pazienti vi fu anche il pittore Hans Memling, e la leggenda vuole che egli abbia ricambiato i suoi benefattori con ben sei capolavori!

Svoltate l'angolo, entrate nell'ospedale ed esplorate le corsie medievali, la chiesa, la soffitta, detta Diksmuidezolder, e l'antico dormitorio. Vale la pena visitare anche l'annessa farmacia, risalente al XVII secolo. Nell'orto, riservato alle piante officinali, si trovano tutti gli ingredienti necessari per il *gruut (Grut)*: dall'alchemilla alla myrica, all'alloro. Sul sobrio cortile che conduce all'orto si trova 'Le arterie del monastero', opera dell'artista italiano contemporaneo Giuseppe Penone. La scultura sottolinea come il presente affondi sempre le sue radici nella storia, un concetto particolarmente adatto ad una città come Bruges. Nella descrizione dell'Itinerario II, a pagina 52, potete scoprire il significato della parola *gruut*.

» **PARTENZA** Guido Gezelleplein,
Chiesa di Nostra Signora
» **DISTANZA** 2,5 km
» **ARRIVO** Prinsenhof

Itinerario 2

Bruges:
con la B di Borgogna

Nel Secolo d'Oro, quando Filippo l'Ardito, duca di Borgogna, sposa Margherita di Male, figlia dell'ultimo conte di Fiandra, Bruges si ritrovò improvvisamente a far parte del ducato di Borgogna. La corte soggiornava volentieri nella città belga, e Bruges diventò così una meta ambita per nobili, mercanti e artisti intenzionati a trarre vantaggio delle ricchezze della città. L'eredità dei Borgogna è ancora viva e tangibile oggi. Scoprite questa città del Nord animata da un carattere degno del Sud.

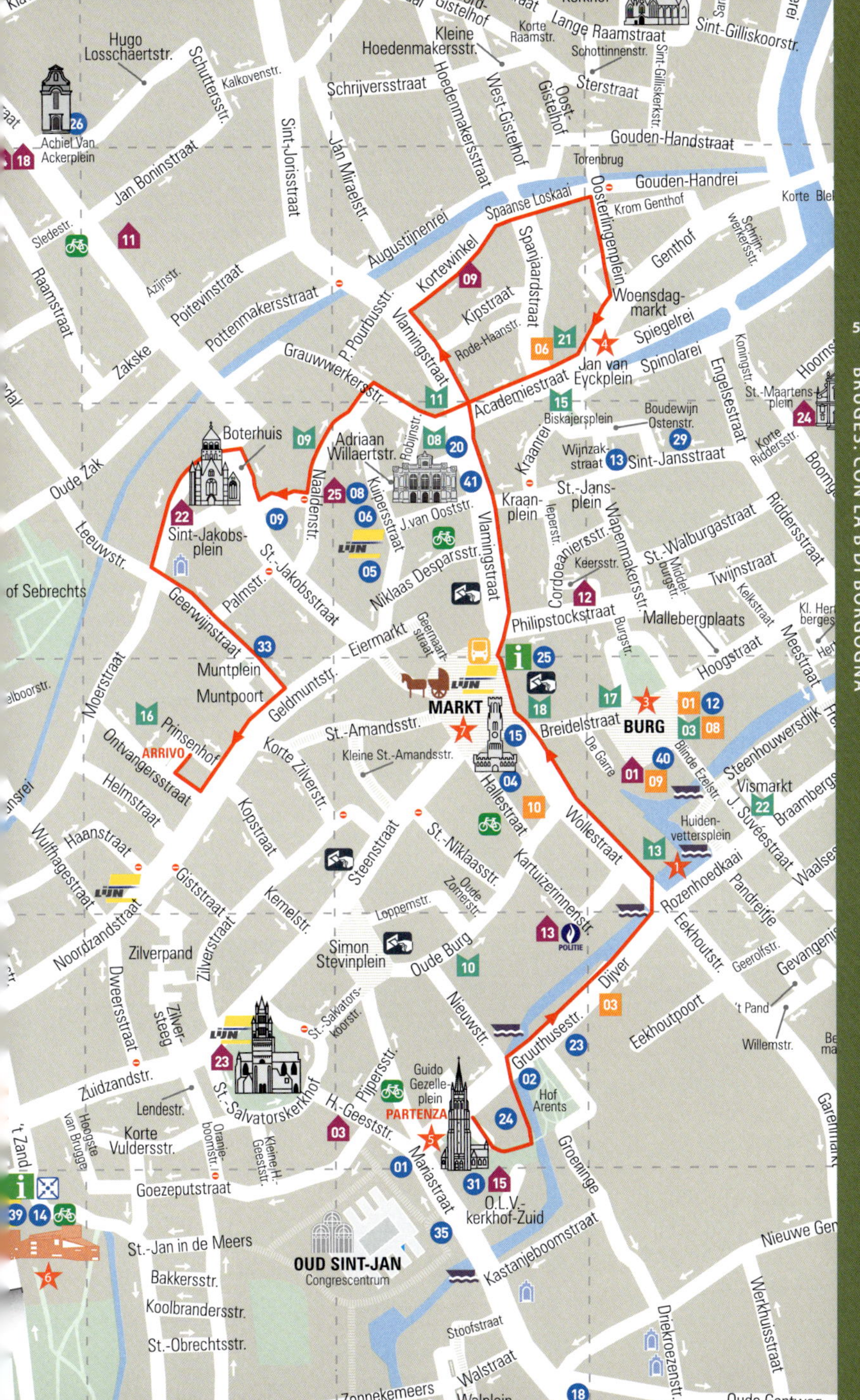
51
BRUGES: CON LA B DI BORGOGNA
Hugo Losschaertstr.
Achiel Van Ackerplein
26
18
Schuttersstr.
Kalkovenstr.
Jan Boninstraat
Sint-Jorisstraat
Poitevinstraat
Pottenmakersstraat
Azijnstr.
Sledestr.
Zakske
Raamstraat
Oude Zak
Leeuwstr.
of Sebrechts
11
Vloord-Gistelhof
Kleine Hoedenmakersstr.
Schrijversstraat
Hoedenmakersstraat
West-Gistelhof
Jan Miraelstr.
Augustijnenrei
Grauwwerkerssstr.
Vlamingstraat
P. Pourbusstr.
Kortewinkel
Kerkhof
Lange Raamstraat
Korte Raamstr.
Schottinnenstr.
Sint-Gilliskerkstr.
Sterstraat
Oost-Gistelhof
Gouden-Handstraat
Torenbrug
Gouden-Handrei
Krom Genthof
Korte Ble
Spaanse Loskaai
Spanjaardstraat
Oosterlingenplein
Woensdag-markt
Genthof
Spiegelrei
Schrijn-werkerssstr.
Koningstr.
Kipstraat
Rode-Haanstr.
09
06
21
Jan van Eyckplein
Spinolarei
Engelsestraat
Hoornst.
St.-Maartens plein
24
11
Academiestraat
Biskajersplein
Boudewijn Ostenstr.
29
Kraanrei
Wijnzak-straat
Sint-Jansstraat
13
Korte Ridderssstr.
Boomg
Boterhuis
09
Adriaan Willaertstr.
Robijnstr.
08
20
41
St.-Jans-plein
Ieperstr.
Wapenmakersstr.
St.-Walburgastraat
Ridderssstr.
22
Sint-Jakobs-plein
25
08
06
J. van Ooststr.
Kraan-plein
Cordoeaniersstr.
Keerssstr.
Middel-burgstr.
Twijnstraat
Kelkstraat
Kl. Heil berges
Her
09
Naaldenstr.
Kuipersstraat
05
St.-Jakobsstraat
Palmstr.
Geerwijnstraat
33
Niklaas Desparsstraat
Vlamingstraat
Philipstockstraat
12
Mallebergplaats
Hoogstraat
Meestr.
Eiermarkt
Geernaart-straat
Burgstr.
Muntplein
Muntpoort
16
Prinsenhof
ARRIVO
Ontvangersstraat
Geldmuntstr.
Korte Zilverstr.
St.-Amandsstr.
Kleine St.-Amandsstr.
MARKT
i
25
18
17
3
01
03
12
08
BURG
Breidelstraat
Moerstr.
Helmstraat
Haanstraat
Wulfhagestraat
Kopstraat
Kemelstr.
Steenstraat
St.-Niklaasstr.
15
04
10
De Garra
40
01
09
Blinde Ezelstr.
J. Suvéestraat
22
Steenhouwersdijk
Vismarkt
Braamberg
Waalse
13
Rozenhoedkaai
Huiden-vettersplein
Pandreitje
Eekhoutstr.
Geerolfstr.
Gevangenis
Giststraat
Zilverpand
Noordzandstraat
Dweersstraat
Zilver-steeg
Zilverstraat
Loppemstr.
Oude Zomerstr.
Simon Stevinplein
Oude Burg
Kartuizerinnenstr.
Wollestraat
Dijver
03
Eekhoutpoort
't Pand
Willemstr.
Be ma
23
St.-Salvatorskerkhof
St.-Salvators-koorstr.
Pijpersstr.
H-Geeststr.
Nieuwstr.
13
POLITIE
10
Gruuthusestr.
23
02
Hof Arents
Zuidzandstr.
Lendestr.
Korte Vuldersstr.
Oranje-boomstr.
Kleine H.-Geeststr.
03
Guido Gezelle-plein
PARTENZA
5
24
't Zand
i
39
14
Goezeputstraat
Mariastraat
01
31
15
O.L.V.-kerkhof-Zuid
Groeninge
6
St.-Jan in de Meers
Bakkersstr.
Koolbranderssstr.
St.-Obrechtsstr.
OUD SINT-JAN
Congrescentrum
35
Kastanjeboomstraat
Nieuwe Gen
Stoofstraat
Walstraat
Walplein
Zonnekemeers
18
Oude Gentweg
Driekroezenstr.
Werkhuisstraat

Da Guido Gezelleplein a Markt

Dalle panchine di Guido Gezelleplein, dedicata al sacerdote e poeta fiammingo (1830-1899) la cui statua adorna la piazza, si può godere di un'ottima vista della facciata laterale della Chiesa di Nostra Signora (Onze-Lieve-Vrouwekerk) **15** . Con la sua torre campanaria, alta 122 metri e realizzata interamente in mattoni pieni, la chiesa è un perfetto esempio della maestria dei costruttori locali. La chiesa ospita inoltre una ricca collezione d'arte, dalla famosissima 'Madonna col Bambino' di Michelangelo fino ai mausolei di Maria di Borgogna e Carlo il Temerario, risalenti al XV e XVI secolo. Sul lato sinistro della piazza salta agli occhi l'antico Palazzo Gruuthuse, oggi sede del Museo Gruuthuse **24** . La torre e il pozzo erano un tempo veri e propri status symbol, e dovevano quindi rappresentare la potenza e la ricchezza della famiglia Gruuthuse. Si erano arricchiti grazie al monopolio sul *gruut*, un miscuglio di piante aromatiche

CURIOSITÀ!

In alto nel campanile della Chiesa di Nostra Signora, da un paio d'anni si è insediata una coppia di falchi pellegrini. I veloci rapaci sono molto apprezzati, perché strumento ideale nella lotta contro i fastidiosi… piccioni.

che serviva ad aromatizzare la birra, molto tempo prima che il luppolo entrasse nell'uso comune. Louis de Gruuthuse era inoltre a capo dell'esercito di Carlo il Temerario e fu anche guardia del corpo di

CONSIGLIO

A partire dal 22 marzo 2013, il manoscritto di Gruuthuse può essere nuovamente ammirato a Bruges **24** . La preziosa raccolta di canti tornerà infatti per qualche mese, lasciando la sua abituale sede a L'Aia (Biblioteca Reale). *Vedere anche pagina 82.*

CONSIGLIO

L'impressionante dimora signorile in stile tardo-gotico all'angolo della Wollestraat **13** fu costruita intorno al 1500 su incarico di Juan Perez de Malvenda, ai tempi console della Nazione Spagnola a Bruges. Al piano inferiore potete trovare tutto ciò per cui è famoso il Belgio: da un'ampia gamma di birre locali, a deliziosi dolci e dolciumi artigianali, fino alle golosità di altri tempi. Dalla terrazza nascosta potete inoltre godere di una fantastica vista sul Rozenhoedkaai.

Maria di Borgogna. Non solo, ma era anche un amante della cultura e il proprietario del manoscritto di Gruuthuse, un noto codice medievale che comprende tra le altre cose anche 147 canzoni. Il motto della famiglia, "Plus est en vous", sovrasta il portone principale della residenza. Tradotto in lingua moderna, significa "puoi fare più di quanto pensi!".

Seguite ora la piccola via pedonale che costeggia il lato sinistro della chiesa.
Guardando in alto subito dopo la curva è possibile vedere la cappella che collega il Museo Gruuthuse direttamente alla Chiesa di Nostra Signora. I signori di Gruuthuse, infatti, non si mischiavano alla gente del popolo, ma preferivano piuttosto seguire la messa dalla propria cappella privata. Oggi, questa piccola cappella è aperta al pubblico.

Tornate adesso indietro, attraversate la bellissima piazza Gruuthuseplein e girate a destra verso il canale Dijver.
Al numero 12 ha sede il Museo Groeninge **23**, il più noto della città. A pagina 108 è possibile leggere un'intervista al suo conservatore, Till-Holger Borchert. Poco oltre, ai numeri 9-11, si trova una delle sedi del Collegio d'Europa **03**, un centro di studi postuniversitari dedicato all'Europa.

Proseguite quindi lungo il Dijver per poi prendere la prima a sinistra, via Wollestraat.
All'angolo destro di via Wollestraat non potrete fare a meno di notare l'imponente palazzo Perez de Malvenda **13**. Questo palazzo signorile del XV secolo, completamente restaurato, ospita oggi un negozio di specialità alimentari. Subito prima della Piazza del Mercato (Markt) troverete invece il mercato coperto **10**, che fa parte della struttura della Torre Civica **04** e veniva usato un tempo come luogo di stoccaggio e la vendita di varie merci. Sul lato strada, inoltre, una moltitudine di banchetti vendeva durante il ducato di Borgogna spezie ed erbe di ogni tipo, dalle polveri medicinali ai mix di spezie. A Bruges era infatti possibile trovare spezie provenienti da ogni angolo d'Europa e oltre, grazie alla posizione occupata dalla città sul mercato internazionale dell'epoca.

L'ORA ESATTA

L'edificio all'angolo, noto come Casa Boechoute, fu costruito nel 1477 ed è uno degli edifici originari che segnavano il perimetro della piazza e ospita oggi una sala da tè, Meridian 3 (sul Markt). Sul tetto dell'edificio, non si può fare a meno di notare un globo luccicante. Quando fu inaugurata la linea ferroviaria che collega Bruxelles, Gand e Bruges, ci si rese conto che gli orologi del Belgio non marciavano affatto all'unisono. Il problema

Piazza del Mercato

fu risolto grazie al globo che vediamo oggi: a mezzogiorno esatto la luce del sole penetra infatti in un piccolo foro praticato sul globo, ovviamente senza proiettare un'ombra, e forma così una linea che possiamo seguire ancora oggi, grazie alle lancette di rame.

Markt, il cuore pulsante della città

Via Wollestraat conduce direttamente alla Piazza del Mercato (Markt).

Il Markt è dominato dalla Torre Civica (Belfort) **04**, ormai da secoli orgoglio e simbolo della città, punto di avvistamento ideale in caso di guerre, incendi e altre catastrofi. La Torre è aperta al pubblico ed è possibile salire fino in cima all'edificio. Ancora oggi ci si può inerpicare sulla torre, basta salire 366 scalini. Fortunatamente, durante la salita ci si può fermare un paio di volte. Una volta giunti in cima, i vostri sforzi saranno ricompensati da un panorama indimenticabile.

CONSIGLIO

"Scalando" la Torre Civica **04**, fermatevi ad esempio nella camera del tesoro medievale, dove sono conservati l'emblema, il sigillo e la cassa cittadina. Una seconda pausa è consigliabile al cosiddetto "Pavimento di Legno": riceverete spiegazioni sull'orologio, la cassa ed il carillon con le sue 47 campane

La cassa

suonanti, per un totale di ben 27 tonnellate di bronzo. Con un po' di fortuna, potrete anche vedere il maestro cimentarsi con la tastiera.

Ai piedi della Torre Civica si trova lo stand di patatine fritte più famoso al mondo! Più o meno al centro della piazza si nota la statua di Jan Breydel e Pieter De Coninck, i due eroi di Bruges che nel 1302, in occasione della Battaglia degli Speroni d'Oro, svolsero un ruolo fondamentale nella resistenza fiamminga contro la dominazione francese. Dal punto in cui si trova la statua si può godere di un'ottima vista del Corte provinciale (Markt 3) **18** . Fino al XVIII, queste era la sede del Waterhalle, un deposito sull'acqua, dove le merci venivano caricate e scaricate in grandi quantità. A quell'epoca infatti i canali della città scorrevano ancora lungo la Piazza del Mercato. Oggi è ancora così, ma i canali sono ormai sotterranei.

Avete voglia di una pausa? Perché non concedersi allora un giro in carrozza, e lasciarsi portare a spasso per la città per una mezz'oretta? O preferite forse una visita alla città della durata di 50 minuti su uno dei minibus di City Tour? Una volta tornati potrete riprendere la passeggiata con nuove energie.

Da Markt a Jan van Eyckplein

È ora giunto il momento di proseguire, lasciandosi la Markt sulla sinistra e imboccando subito la Vlamingstraat.
Nel XV secolo questa era la via commerciale del quartiere del porto. C'erano filiali di diverse banche, e non mancavano di certo le taverne, tutte dotate di cantine profonde, dove si ammucchiavano i vini francesi e quelli della valle del Reno, appena scaricati dalle chiatte. L'atmosfera di allora è ancora viva sotto le volte della cantina della Taverne Curiosa (Vla-

CONSIGLIO

Sin dal 1897 due carretti di patatine fritte dipinti di verde stazionano davanti alla Torre Civica. Luogo privilegiato che si traduce ogni anno in una vedita di un paio di tonnellate di cibo da asporto. Ogni due anni gli interessati fanno un'offerta per lo sfruttamento delle bancarelle sulla Torre Civica. Il contratto va al migliore offerente. E qui potrete trovare patatine fritte a qualsiasi ora del giorno e della notte.

CIGNI SUI CANALI DELLA CITTÀ

La morte di Maria di Borgogna segnò per Bruges l'inizio di un periodo piuttosto turbolento. Massimiliano d'Asburgo, il successore di Maria, aveva infatti deciso di imporre alla città una nuova tassa, ma gli abitanti di Bruges si ribellarono a tale decisione. Massimiliano venne rinchiuso a Palazzo Craenenburg, sulla Piazza del Mercato, e proprio da qui fu costretto ad assistere alla tortura e alla decapitazione di Pieter Lanchals, suo balivo e fedele consigliere. La leggenda vuole che, quando Massimiliano tornò al potere, egli si sia vendicato ordinando agli abitanti della città di tenere per sempre sui canali dei cigni, anche detti 'langhalzen' in fiammingo (lett. 'colli lunghi'; la parola ricorda per assonanza il nome del consigliere decapitato di Massimiliano).

mingstraat 20). Più o meno a metà di Vlamingstraat, guardando a sinistra, è possibile scorgere l'elegante Teatro Cittadino 'Stadsschouwburg' (1869) **41**, uno dei meglio conservati di tutta Europa. Dietro alla facciata di gusto eclettico, si celano un imponente foyer e un'enorme sala. Il personaggio mozartiano di Papageno si occupa di fare la guardia all'entrata, mentre il suo spartito giace sulla piazza antistante il teatro.

Proseguire diritto, per poi svoltare a destra in via Kortewinkel subito prima del canale.

Qui, un po' fuori dai circuiti turistici più battuti, si trova una facciata lignea autentica risalente al XVI secolo. In tutta la città si trovano ancora solo due facciate di questo tipo (più avanti in questo itinerario ci sarà modo di vedere anche l'altra). Pochi metri più in là, al numero 10, ecco subito un altro gioiello nascosto: un Monastero gesuita **09**, con un bellissimo cortile interno. Se il portone è aperto significa che i visitatori sono i benvenuti. Entrate e scoprirete un'oasi di pace nel cuore della città.

Via Kortewinkel prosegue, seppur cambiando il proprio nome in Spaanse

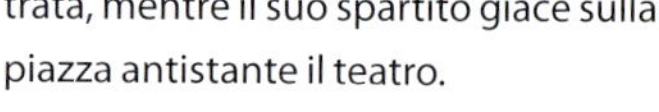

Loskaai. Durante l'epoca dei Borgogna questa era infatti la zona dei mercanti spagnoli.

Il ponte pittoresco che compare sulla destra è il Ponte di Agostino (Augustijnenbrug), che, con i suoi 700 anni, può vantarsi di essere uno dei più antichi della città. I piccoli ripiani in pietra servivano originariamente ai mercanti per mettere in bella mostra le proprie merci. Il ponte offre anche un punto di osservazione privilegiato per chi vuole vedere meglio la casa sull'angolo destro tra via Spanjaardstraat e via Kortewinkel. La casa era in realtà un monastero e, secondo la gente del posto, sarebbe abitata ancora oggi dai fantasmi. La leggenda narra infatti che quando un prete scoprì che il suo amore per una delle monache non era corrisposto, egli uccise dapprima l'amata per poi suicidarsi. Da allora, lo spettro dei due non avrebbe più abbandonato la casa…

Proseguite ora lungo via Spaanse Loskaai, prendete la prima a destra e vi troverete in Oosterlingenplein.
Durante il Secolo d'Oro, questa piazza si trovava al centro della zona dei mercanti tedeschi ('oosterling' significa infatti 'orientale'), che facevano anch'essi affari nella città fiamminga. La cosiddetta Loggia dei tedeschi occupava un tempo tutto il lato sinistro della piazza. La parte sopravvissuta fino ai giorni nostri, l'edificio a destra dell'Hotel Bryghia, riesce comunque a dare un'idea del lusso di allora.

Proseguendo da questa piazza si arriva ad un'altra piazza, la Woensdagmarkt, dove tutta l'attenzione viene catturata dalla statua del pittore Hans Memling. Per proseguire la passeggiata, lasciate la piazza imboccando via Genthof. Qui troverete la seconda facciata lignea risalente al Medioevo conservatasi fino ai giorni nostri. Da notare come ogni piano dell'edificio sporga un po' di più rispetto a quelli sottostanti. La tecnica serviva a ridurre i danni causati dall'acqua piovana e sarebbe stata poi ripresa anche in epoche successive.

La Manhattan della Borgogna

Proseguendo la passeggiata nella stessa direzione si arriva ora in Jan van Eyckplein.

All'epoca del ducato di Borgogna, questa era la Manhattan di Bruges, il vero centro della città. Qui attraccavano le navi, qui venivano caricate e scaricate le merci, qui venivano versati i dazi. Un'attività freneti-

CONSIGLIO

Il Genthof è diventato punto di raccolta di artisti e artigiani. Vi troverete la bottega di un soffiatore di vetro, un negozio di poesie, un punto vendita vintage alla moda e diverse gallerie di arte contemporanea. All'angolo c'è 't Terrastje, il bar più piccolo della città.

ca, sullo sfondo di un'accozzaglia di idiomi diversi, uno più urlato dell'altro. Ogni transazione era immancabilmente accompagnata, però, da qualche parola in fiammingo. Era infatti necessaria la presenza di un mediatore locale, al quale andava ovviamente una commissione. Proprio sull'angolo fa bella mostra di sé Casa De Roode Steen, edificata nel XVI secolo e restaurata già nel 1877. Poco oltre, ai numeri 1-2, segue la Dogana vecchia (Tolhuis, 1477) **21** **06**, dove venivano versati i dazi. A sinistra di questo edificio monumentale fa capolino un'altra casa, nota come Pijndershuisje, la più stretta di tutta Bruges. Qui viveva un portuale, chiamato pijnder nel gergo dell'epoca, parola che i più attenti sapranno ritrovare sulla facciata. I portuali, con la schiena piegata dal lavoro, venivano ingaggiati per il carico e lo scarico di balle e barili.

Lasciate la piazza direttamente dalla Academiestraat.
Proprio all'angolo con Piazza Jan van Eyckplein c'è però ancora un edificio degno di nota, riconoscibile grazie all'alta torretta. Si tratta della Loggia dei Borghesi (Poortersloge) **15**, una sorta di club privato del XV secolo, dove si ritrovavano i cittadini di Bruges e i mercanti stranieri. Una nicchia ricavata nella facciata ospita l'Orso di Bruges, importante simbolo della città.

Proseguendo si arriva alla Grauwwerkersstraat. La piazzetta che congiunge le due vie, Academiestraat e Grauwwerkersstraat, ha portato per secoli il nome di 'Beursplein', o Piazza della Borsa.
Qui venivano infatti conclusi gli affari più importanti. Su questa piazza si ergono fianco a fianco la Loggia dei Genovesi (più tardi ribattezzata "Saaihalle" **08**, ospita

L'ORSO DI BRUGES

La leggenda narra che nel IX secolo, quando Baldovino Braccio di Ferro, primo conte di Fiandra, visitò per la prima volta la città, egli abbia si sia imbattuto in un orso. Dopo una lotta feroce, Baldovino riuscì ad uccidere l'animale e, per onorarne la memoria, lo elesse subito a simbolo della città. Oggi, nelle occasioni speciali, l'orso all'interno della nicchia sulla Loggia dei Borghesi viene vestito a festa.

L'Orso di Bruges reca lo stemma della Società dell'Orso Bianco, un ordine cavalleresco fondato poco dopo che Baldovino I aveva sconfitto l'orso "bianco".

oggi il Frietmuseum, il Museo delle Patatine Fritte **20**), la Loggia dei Fiorentini (dove si trova oggi il Ristorante De Florentijnen) e quella dei Veneziani (attualmente libreria De Slegte). Mercanti provenienti da tutto il mondo si davano appuntamento davanti a Casa ter Beurze (1276), una locanda nel centro città **11**, per concludere accordi e transazioni commerciali. Dal nome della locanda è derivata la parola olandese "beurs", "borsa". Il termine è poi passato anche a diverse altre lingue.

A questo punto potete imboccare la Grauwwerkersstraat e… fermarvi subito.
La facciata laterale di Casa ter Beurze, e soprattutto la parte compresa tra le due finestre del piano terra, si distingue per le pietre, per così dire firmate dai tagliatori di pietre. Diventava così evidente chi aveva tagliato quali e, soprattutto, quante pietre e chi doveva essere ancora pagato. La casa accanto a Casa ter Beurze (*de kleine beurze*, la borsa piccola) si trova a livello della strada originale.

Svoltate quindi a sinistra in via Naaldenstraat.
Sulla destra si nota subito l'incantevole torre di Corte Bladelin **09**. La casa fu costruita nel XV secolo per ordine di Pieter Blade-

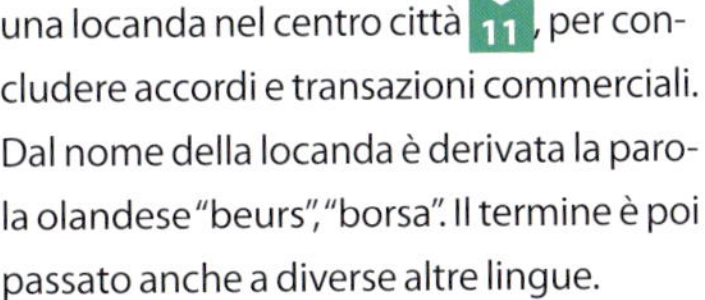

lin (ancora oggi si può vederlo sopra al portone, mentre prega la Madonna), che la cedette poi ai potenti banchieri fiorentini, i de Medici, i quali vi aprirono una filiale. L'edificio appartiene oggi alle suore dell'ordine della Madonna dei Sette Dolori. Prendete un appuntamento per visitarlo (tel. +32 (0)50 33 64 34) e dare un'occhiata all'interno. Dietro al portone si nascondono infatti una stupenda corte interna e la prima facciata rinascimentale della città, arricchita da due straordinari medaglioni di Lorenzo de Medici e della moglie, Clarissa Orsini.

Un po' più avanti, all'altezza della torre successiva, girate a destra per vedere la Boterhuis (Casa del Burro), con il suo acciottolato. Di colpo, sarete catapultati nel Medioevo. Tenete poi la destra e, subito prima della Sint-Jakobskerk (Chiesa di San Giacomo), svoltate a sinistra in via Moerstraat.

La Chiesa di San Giacomo **22** era frequentata dai duchi di Borgogna e dalla maggior parte dei mercanti stranieri. All'interno della chiesa, i doni esuberanti di questi fedeli hanno lasciato tracce visibili anche ai giorni nostri.

Prinsenhof (Corte dei Principi), residenza dei duchi di Borgogna

Prendete la prima strada a sinistra, la Geerwijnstraat, che conduce alla

16

Muntplein (Piazza della Zecca).

La Muntplein rientrava un tempo nei confini di Prinsenhof **16**, poco distante da qui. Questa era, come avrete già indovinato, la sede della Zecca. La statua Flandria Nostra ("La nostra Fiandra"), che raffigura una dama a cavallo, è opera dell'artista belga Jules Lagae.

Arrivati al termine della via, svoltate a destra in via Geldmuntstraat, per arrivare poco dopo a Prinsenhof.
Siete così giunti al termine, e all'apice, di questo itinerario. A Corte dei Principi (Prinsenhof) hanno infatti vissuto duchi e conti. Questo edificio straordinario, le cui dimensioni originarie erano ben sette volte quelle attuali, fu fatto costruire nel XV secolo da Filippo il Buono per celebrare il suo (terzo) matrimonio con Isabella del Portogallo. In occasione del matrimonio di Carlo il Temerario e Mar-

gherita di York, al Palazzo furono aggiunti una piscina e un giardino zoologico. Non stupisce quindi il fatto che questa fosse una delle dimore preferite dei duchi. Ben presto il palazzo divenne il fulcro della vita politica, economia e culturale del ducato. Sia Filippo il Buono († 1467) sia Maria di Borgogna († 1482) sono deceduti a Prinsenhof. In seguito alla morte dell'amatissima Maria di Borgogna, il Palazzo perse rapidamente la sua importanza e finì per essere venduto a privati. Per assistere ad una rinascita del palazzo bisognerà aspettare fino al XVII secolo, quando un gruppo di monache inglesi lo trasformerà in una scuola esclusiva per fanciulle. Una volta chiusa la scuola, però, l'edificio cambiò molte volte proprietario. Oggi, Prinsenhof fa parte della catena alberghiera Kempinski ed ospita un hotel a cinque stelle.

CONSIGLIO

Chi desidera avere un'ottima immagine del castello cittadino **16** e dello stupendo giardino seguite le indicazioni alla Ontvangersstraat per il parcheggio dell'hotel, alla Moerstraat 46. Naturalmente potrete offrire a voi e ai vostri amati un pasto principesco nel ristorante del Duke's Palace Hotel e godere della *grandeur* e del lusso del complesso.

» **PARTENZA**	Choco-Story (Wijnzakstraat)
» **DISTANZA**	4 km
» **ARRIVO**	Café Vlissinghe in via Blekersstraat

Itinerario 3

Esplorate Bruges come volete voi!

I quartieri di Sant'Anna e Sant'Egidio saranno anche noti come gli angoli più tranquilli di Bruges, ma non c'è comunque di che annoiarsi. Che ne dite, per esempio, di antichi mulini, semplici quartieri operai e un paio di club esclusivi per genti-luomini? Ma non preoccupatevi, ci sarà anche la possibilità di riprendere fiato e ripensare con calma a quanto avete appena visto nel pub più antico della città!

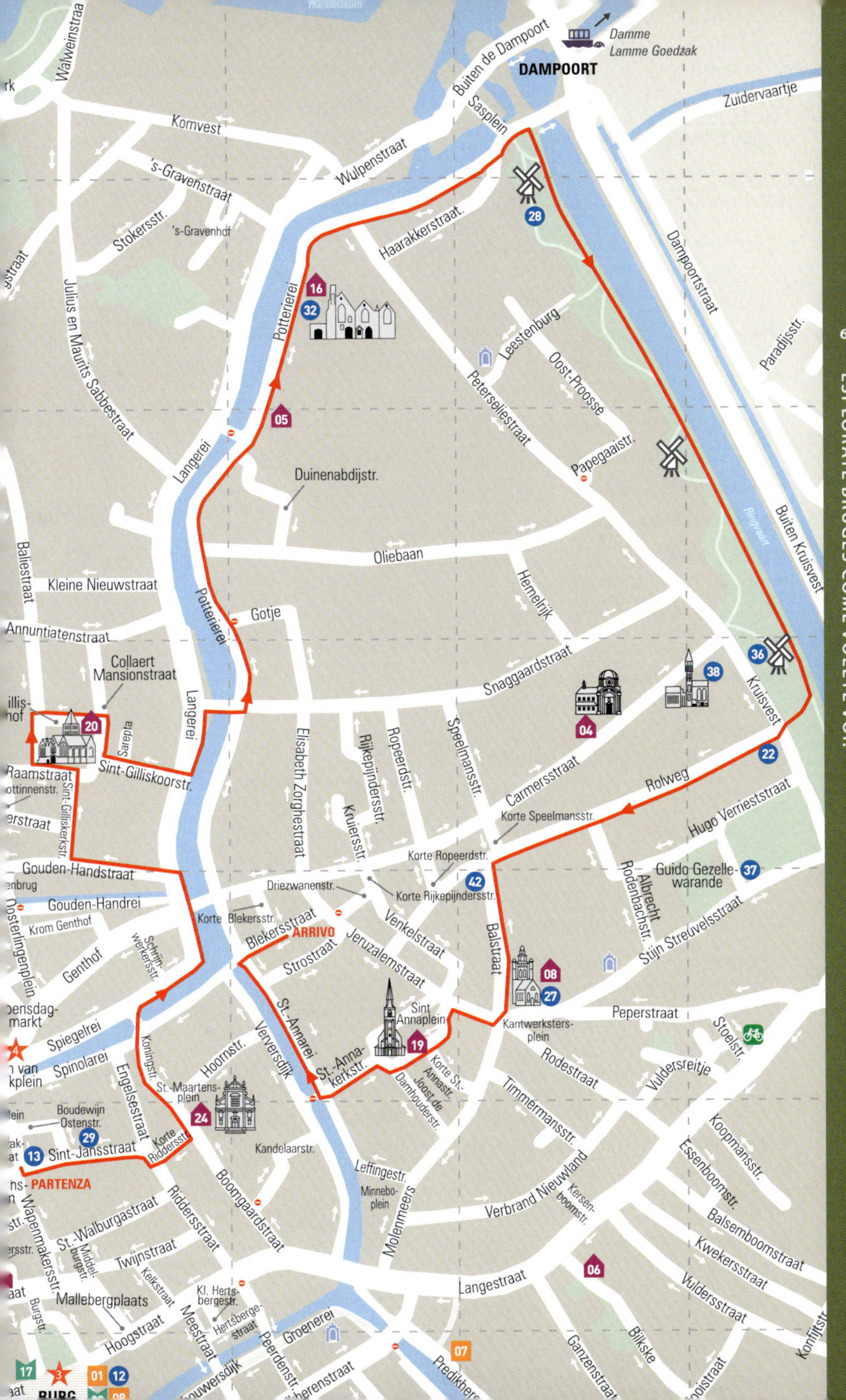

Handelskom
Damme
Lamme Goedzak
DAMPOORT
Buiten de Dampoort
Sasplein
Zuidervaartje
Walweinstraat
Komvest
Wulpenstraat
Dampoortstraat
's-Gravenstraat
Stokersstr.
's-Gravenhof
Haarakkerstraat
28
Paradijsstr.
63
ESPLORATE BRUGES COME VOLETE VOI!
16
32
Leestenburg
Oost-Proosse
Julius en Maurits Sabbestraat
Peterseliestraat
05
Papegaaistr.
Duinenabdijstr.
Ringvaart
Buiten Kruisvest
Langerei
Baliestraat
Oliebaan
Hemelrijk
Kleine Nieuwstraat
Pottenerei
Gotje
Snaggaardstraat
Annuntiatenstraat
04
38
36
Collaert Mansionstraat
Kruisvest
illis-hof
20
Spaerpoorte
Langerei
22
Sint-Gilliskoorstr.
Raamstraat
Elisabeth Zorghestraat
Carmersstraat
Rolweg
Hugo Verrieststraat
ottinnenstr.
Sint-Gilliskerkstr.
Rijkepijnderssstr.
Speelmansstr.
erstraat
Korte Speelmansstr.
Gouden-Handstraat
Knuierstr.
Roperdstr.
Korte Ropeerdstr.
Guido Gezelle-warande
37
enbrug
Gouden-Handrei
Driezwanenstr.
42
Albrecht Rodenbachstr.
Krom Genthof
Korte Rijkepijnderssstr.
ensterlingenplein
Korte Blekersstr.
ARRIVO
Venkelstraat
Stijn Streuvelsstraat
Genthof
Blekersstraat
Balstraat
08
ensdag-markt
Strostraat
Jeruzalemstraat
27
Peperstraat
Spiegelrei
Schrijn-werkersstr.
St-Annarei
Sint Annaplein
Kantwerksters-plein
Stoelstr.
Spinolarei
Koningstr.
Hoornstr.
Ververstdijk
19
Rodestraat
Vuldersreitje
n van kplein
St.-Maartens-plein
24
St.-Anna-kerkstr.
Korte St. Annastr. Joost de Damhouderstr.
Timmermanstr.
Koopmansstr.
lein
Boudewijn Ostenstr.
29
Korte Riddersstr.
Kandelaarstr.
Verbrand Nieuwland
Essenboomstr.
ak-at
13
Sint-Jansstraat
Leffingestr.
Kersen-boomstr.
Balsemboomstraat
ns- PARTENZA
Engelsestraat
Minnebo-plein
Molenmeers
Kwekersstraat
St. Walburgastraat
Riddersstraat
Boomgaardstraat
06
Vuldersstraat
Twijnstraat
Kelkstraat
Langestraat
Mallebergplaats
Kl. Herts-bergestr.
Hertsberge straat
Peerdenstr.
Groenerei
Ganzenstraat
Billske
Konfitstr.
Hoogstraat
Meestraat
Prediwherg
07
Middel-burgstr.
Wapenmakersstr.
BURG
Burgstr.
Brouwersdijk
herenstraat
17
3
01
12

Da Choco-Story a via Gouden-Handstraat

Choco-Story (Museo del Cioccolato, Wijn-zakstraat 2) **13** è il posto migliore, a nostro avviso, per cominciare questo itinerario, il più lungo tra quelli inclusi nella guida. Il Museo offre infatti ai visitatori la possibilità di ripercorrere la storia del cioccolato e del cacao, oltre a ricche degustazioni e, ovviamente, all'opportunità di fare un bel rifornimento! Adesso che abbiamo fatto il pieno di energia, è l'ora di mettersi in marcia. Non prima però di aver visitato, allo stesso indirizzo, Lumina Domestica **29**, il museo con la più grande collezione di lampade al mondo, oltre ad almeno 6000 antichità.

Girate ora a sinistra in via Sint-Jansstraat, svoltate nella Korte Riddersstraat e proseguite fino al termine della strada.

Vi troverete davanti la bellissima Chiesa di Santa Valpurga (Sint-Walburga) **24**. Vale senz'altro la pena visitare questa chiesa barocca (1619-1642) per il banco della comunione e l'altare maggiore, straordinarie opere in marmo. D'estate la chiesa viene animata da concerti gratuiti di musica classica. Vicino alla chiesa, al numero 4, si trova l'antica Loggia degli Scozzesi.

Proseguendo lungo via Koningstraat si arriva ad un ponte che congiunge due canali dall'aspetto particolarmente poetico, lo Spinolarei e lo Spiegelrei.

Dal ponte si gode anche di una vista pri-

Nelle belle serate estive, il prete della Chiesa di Santa Valpurga **24** lascia diffondere musica classica dagli altoparlanti della chiesa. Ammalianti concerti, la chiesa immersa nella luce crepuscolare e pipistrelli che svolazzano sopra le vostre teste: il preludio ad una magica serata estiva a Bruges.

vilegiata su Oud Huis Amsterdam. Questo palazzo storico ospita oggi un elegante hotel. Un tempo, questa zona della città era abitata prevalentemente da inglesi e scozzesi. Lungo lo Spinolarei gli inglesi disponevano addirittura di una propria steegere, o scala, che serviva per lo scarico delle merci. La scala esiste tuttora, e la strada con cui questa comunica

porta il nome appropriato di Engelsestraat (via Inglese). L'imponente edificio
bianco, una scuola, al di là del ponte era
un tempo il collegio dei gesuiti inglesi.

Sant'Egidio, patria degli operai e degli artisti

**Attraversate quindi il ponte e tenete la
destra. Svoltate a sinistra soltanto alla
quarta strada, la Gouden-Handstraat.**
Nel XV secolo, via Gouden-Handstraat e
la parrocchia di Sant'Egidio (Sint-Gillis)
erano noti per essere il quartiere degli
artisti. È vero che Hans Memling non
abitava qui, ma qualche strada più in là;
è altrettanto vero però che lo studio di
Jan van Eyck si trovava nella Gouden-
Handstraat e che qui si ritrovavano molti
altri artisti, noti e meno noti.

Questa via conduce alla Chiesa di Sant'
Egidio (Sint-Gillis) **20**, il cuore di questo
quartiere tranquillo. Nonostante la chiesa fosse in realtà una cappella, nel 1258
venne promossa a chiesa parrocchiale.
Nonostante l'interno in stile neogotico e
i bellissimi quadri, la chiesa ha piuttosto
l'aria di una semplice, ma robusta, chie-
setta di paese. Ma talvolta le apparenze
ingannano. All'interno della chiesa e intorno ad essa sono infatti sepolti moltissimi artisti famosi. Da Hans Memling
(† 1494), il pittore meglio pagato del suo
tempo, a Lanceloot Blondeel († 1561),
passando per Pieter Pourbus († 1564). Il
cimitero, così come queste tombe illustri,
sono purtroppo andati perduti, ma lo
spirito di questi artisti è ancora presente.

BRUGES E IL MARE

Per secoli, la ricchezza di Bruges fu garantita da un canale, il Potterierei. A Damme infatti una grande chiusa, la 'Speie', collegava il canale allo Zwin, il profondo canale navigabile che portava al mare. Fu così che, nel Basso Medioevo, Damme si sviluppò un vero e proprio porto, mentre Bruges si affermò come il centro commerciale più importante di tutta l'Europa nord-occidentale. L'arte e la cultura fiorirono, il benessere e la qualità della vita crebbero in modo esponenziale. Ma le cose cambiarono con la morte improvvisa di Maria di Borgogna. I rapporti tra Bruges e i Borgogna peggiorarono e la corte ducale abbandonò la città. Ben presto anche i mercanti stranieri voltarono le spalle alla città, portando con sé tutte le proprie ricchezze. Lo Zwin si insabbiò e a Bruges venne a mancare quella posizione privilegiata che ne aveva determinato il successo. La città cadde in un sonno letargico.

Dopo aver fatto un giro tutt'intorno alla chiesa, imboccate via Sint-Gilliskoorstraat.

Nonostante le case operaie in questa ed altre vie siano decisamente piccole, sulla maggior parte di esse noterete comunque una finestra murata. Nel 1800 venne infatti imposta una tassa sulle finestre, e molte sparirono.

Dal canale Potterierei alle Vesten, le antiche mura

Al termine della strada svoltate a sinistra e imboccate via Langerei. Al primo ponte, il bellissimo Snaggaardbrug, attraversate il canale e proseguite sul lato opposto, sempre nella stessa direzione, lungo via Potterierei.

Dopo aver percorso un buon tratto di strada, noterete sulla destra il Seminario Maggiore (numero civico 72) **05**. Un posto davvero unico in centro città, con tanto di frutteto e campi con mucche al pascolo. Tra il 1628 e il 1642 venne edificata in questo luogo un'abbazia cistercense, destinata a diventare famosa per la ricchezza e l'erudizione dei suoi abitanti. Durante la rivoluzione francese, l'abbazia fu dichiarata "bene nazionale"; l'abate e monaci furono cacciati. Negli anni seguenti, i vari edifici che compongono il complesso hanno svolto svariate funzioni: ospedale e deposito militare, liceo, per poi diventare, nel 1833, sede del Seminario Maggiore.

A tutt'oggi, qui vengono educati i futuri preti cattolici della diocesi. Pochi metri più in là si trova, a dire il vero un po' nascosto alla vista, il Museo di Nostra Signora della Potterie (O.L.Vrouw-ter-Potterie, al numero 79) **32** **16**. Entro queste mura, monache devote si sono dedicate alla cura di pellegrini, viaggiatori e malati, già fin dal XIII. Oggi, i visitatori possono visitare la chiesa gotica (l'interno è invece in stile barocco) e la ricca collezione di opere d'arte che l'ospedale ha accumulato nel corso dei secoli. Il museo è una vera perla, che la maggior parte dei turisti non ha ancora scovato!

Dopo aver visitato il museo, riprendete la passeggiata camminando fino alla chiusa.
Da qui si può vedere l'inizio del Damse Vaart, il canale Bruges-Damme, che prosegue oltre la circonvallazione e conduce alla romanticissima Damme. Quello che oggi appare come un paesaggio idilliaco è stato però in passato teatro di scontri

feroci. Fino alla guerra degli ottant'anni, infatti, il collegamento tra Bruges e Sluis passava per Damme. Napoleone decise però di impiegare i prigionieri spagnoli per far dragare lo Zwingeul, predecessore naturale dell'odierno canale che collega Bruges a Damme. Il suo desiderio, ambizioso come sempre, era quello di creare così un canale di navigazione che portasse fino ad Anversa. In tal modo egli avrebbe potuto trasformare l'altra città portuale belga in una base per la propria flotta ed aggirare i fastidiosi blocchi navali degli inglesi. Nel processo, Damme fu letteralmente tagliata in due.
In realtà, questo stravagante progetto non era destinato ad essere mai completato del tutto. L'indipendenza belga

LA CORPORAZIONE DEGLI ARCIERI, COMPOSTA DA 165 UOMINI E 1 *QUEEN*!

In quello che è stato, per lungo tempo, uno dei quartieri più poveri di Bruges si trovavano, ironia della sorte, due club molto esclusivi. Arrampicandosi in cima alla collinetta del Mulino Sint-Janshuis 36 è possibile vederle entrambe: in basso a sinistra, la Corporazione di San Giorgio 37, consacrata al tiro con la balestra, e, a destra, la Corporazione di San Sebastiano 38, riconoscibile grazie all'elegante torretta. Quest'ultima fu fondata più di 600 anni fa, un vero e proprio record mondiale. L'associazione conta 165 soci uomini e una sola donna, La regina d'Inghilterra. Vi è infatti un rapporto molto stretto tra Bruges e la famiglia reale inglese, che risale al XVII secolo, quando Carlo II scelse la città belga come luogo di residenza durante l'esilio. Si dice addirittura che in occasione delle visite ufficiali al Belgio, i membri della famiglia reale inglese non manchino mai di fare una capatina alla corporazione degli arcieri di San Sebastiano di Bruges

(1830) mise infatti i bastoni tra le ruote al piccolo generale corso, e gli scavi si fermarono a Hoeke, un sobborgo di Damme. Oggi è possibile compiere il viaggio fino a Damme direttamente sul canale o, in bicicletta, sulla pista ciclabile che lo costeggia. Un'escursione che vi raccomandiamo caldamente, che vi permetterà di scoprire quel *plat pays* che Jacques Brel seppe catturare così bene. Un canale dall'aspetto suggestivo, marcato dagli altissimi pioppi piegati dal vento di mare, che soffia senza fermarsi mai, circondati dai caratteristici campi strappati al mare, i polder.

Girate ora a destra ed esplorate a vostro piacimento le Vesten, le antiche mura della città, che rappresentano oggi una vera e propria "cintura verde" intorno alla città.

Oggi non restano purtroppo che quattro dei trenta mulini che dominavano un tempo queste mura. A partire dal XVIII secolo, infatti, la domanda di farina cominciò a diminuire, sia per la diffusione sempre maggiore delle patate, sia per l'introduzione del motore a vapore e delle macchine, che finirono per soppiantare i mugnai.

Oggi è possibile visitare due dei quattro mulini superstiti, il Mulino Koelewei 28 e il Mulino Sint-Janshuis 36, in entrambi i

mulini, un mugnaio è a disposizione dei visitatori, e non solo vi darà tutte le informazioni necessarie, ma sarà anche felice di mostrarvi come viene macinato il grano. Vi consigliamo in ogni caso di salire in cima alla collinetta su cui si trova il Mulino Sint-Janshuis. Da qui si scorge infatti anche il terzo mulino, oltre ad un fantastico colpo d'occhio sulla città. Riuscite a riconoscere i monumenti, più o meno celebri? Ma c'è ancora tanto da vedere! In basso a destra c'è, per esempio, Verloren Hoek (l'Angolo Dimenticato), oggi un tranquillo quartiere popolare, ma fino al XIX secolo una zona malfamata e poverissima, dove nemmeno la polizia osava entrare.

Bruges la silenziosa

Dopo aver goduto di questo straordinario panorama, è giunto il momento di scendere di nuovo a livello strada e di imboccare via Rolweg.
Proprio sull'angolo si trova il Museo Gezelle **22**, allestito nella casa natale di

Guido Gezelle (1830-1899), uno dei poeti fiamminghi più famosi. La collezione del museo comprende lettere manoscritte, oggetti personali dello scrittore e un bellissimo giardino, dove gli appassionati di botanica potranno ammirare un esemplare di pino laricio secolare. I genitori di Gezelle lavorarono entrambi in questa casa, rispettivamente come giardiniere e custode, in cambio di vitto e alloggio per l'intera famiglia. Il piccolo Guido crebbe quindi in questo ambiente idilliaco. Molti anni più tardi, dopo aver vagabondato per altre città, fece ritorno a Bruges. Divenne viceparroco nella Chiesa di Santa Valpurga e assunse la direzione del Convento Inglese **04** (Carmersstraat 83-85), dove morirà. Si dice che queste siano state le sue ultime parole: "Mi piaceva tanto ascoltare il canto degli uccelli." Qui, nel quartiere più verde della città, è facile capire a cosa si riferisse il prete-poeta.

08

Dopo la visita al museo, prendete la seconda strada a sinistra, la Balstraat. In questa stradina pittoresca ha infatti sede il Museo Folcloristico **42**. Il museo ha sede in diverse case adiacenti, tutte risalenti al XVII secolo e composte da una sola stanza, che sono state restaurate e utilizzate per ricreare ambienti autentici riconducibili al mondo degli antichi mestieri, dal cappellaio al pasticciere, al maestro di scuola nella sua classe. Questo museo è quindi un viaggio nel

---

CONSIGLIO

Per chi vuole riposarsi, c'è il grande giardino che circonda il Volkskundemuseum (Museo Folkloristico) **42**, un delizioso luogo di riposo al centro della città, dotato persino di campo da bocce.

---

passato. Da qui è inoltre impossibile fare a meno di notare il campanile della Cappella di Gerusalemme (Jeruzalemkapel) **08**, costruita nel XV secolo. La cappella fu commissionata dalla famiglia Adornes, un'importante famiglia di mercanti stabilitasi a Bruges, ma originaria di Genova. Nel 1470 il padre, Anselm Adornes, s'incontrò a Padova con uno dei suoi 16 figli, per compiere insieme un pellegrinaggio in Terra Santa. Tornati in Fiandre, decisero di far costruire una copia della Basilica del Santo Sepolcro. Il risultato è a dir poco sorprendente! Proprio di fianco alla cappella si trova il Centro del Merletto (Kantcentrum) **27**, dove interessati di ogni età possono partecipare a laboratori e brevi corsi. Il centro comprende anche un museo e un piccolo Ospizio di Carità, abitato fino a ciquant'anni fa da merlettaie. Chi visita il centro durante

una dimostrazione avrà l'impressione che qui il tempo si sia fermato.

Arrivati all'incrocio, svoltate a destra in via Jeruzalemstraat. All'altezza della chiesa, girate a sinistra in Piazza Sant'Anna (Sint-Annaplein).
La piazza è dominata dalla Chiesa di Sant'Anna (Sint-Annakerk) **19**, semplice solo all'apparenza. L'esterno piuttosto sobrio di questa chiesa racchiude infatti al suo interno una delle chiese barocche più belle della città. Con un po' di fortuna, nonostante i lavori di restauro, magari riuscirete a dare uno sguardo all'interno. L'abbellimento della chiesa è infatti andato di pari passo con il graduale arricchirsi del quartiere.

Uscendo dalla chiesa girate a sinistra e prendete via Sint-Annakerkstraat, per poi svoltare a destra in Sint-Annarei una volta arrivati al canale.
Sull'angolo dove si incontrano i due canali, fa bella mostra di sé uno degli edifici in stile rococò più belli di tutta Bruges. Perché non sedersi su una delle panchine ombreggiate e godersi questa vista straordinaria?

Una volta riposati, tornate indietro di qualche metro e girate a destra in via Blekersstraat, che porta direttamente al ponte.
Al numero 2 di questa via troverete Café Vlissinghe, senza ombra di dubbio il pub più antico di Bruges. Questa casa è infatti sempre stata una locanda, dal 1515 ad oggi! L'atmosfera non manca di certo, questo è il posto ideale per fermarsi e per ripensare con calma all'itinerario appena concluso, magari sorseggiando una birra locale. Salute!

Visitare Bruges

Musei, attrazioni e punti d'interesse turistico

Alcuni luoghi sono così particolari, così incredibili o unici che devi vederli assolutamente. Bruges ne conta in abbondanza: testimonianze suggestive di un ricco passato. I Primitivi fiamminghi si possono considerare il fiore all'occhiello di Bruges e i più esigenti frequentatori di musei non ne resteranno sicuramente delusi. L'offerta della città è decisamente abbondante. Dall'arte figurativa moderna alla celeberrima "Madonna col Bambino" di Michelangelo agli sfarzosi palazzi d'epoca borgognona, è tutto possibile!

[CITY CARD] ♿ (piano terra) 01

Archeologiemuseum (Museo Archeologico)

Con il motto 'senti il passato scorrere sotto i piedi' e grazie alle più varie attività creative, il museo illustra la storia non scritta di Bruges. Scoperte e misteri archeologici, copie e ricostruzioni offrono un quadro vivace della vita quotidiana nei tempi antichi, da come si abitava e lavorava, a come si viveva e moriva.

APERTURA > Da martedì a domenica, 9:30-12:30 e 13:30-17:00, biglietti fino alle 12:00 e 16:30 (aperto il lunedì di Pasquetta e di Pentecoste)

GIORNI DI CHIUSURA STRAORDINARIA > 1/1, 9/5 (pomeridiana) e 25/12

INGRESSO > € 4,00; 65+: € 3,00; bambini fino ai 12 anni: ingresso libero; giovani fino ai 25 anni: € 3,00; Brugge City Card: ingresso libero

INFO > Mariastraat 36a, www.museabrugge.be

[CITY CARD] 02 Arentshuis (Casa Arents)

Al piano superiore di questo elegante palazzo signorile del settecento dal pittoresco giardino è esposta l'opera del poliedrico artista britannico Frank Brangwyn (1867-1956). Brangwyn era non solo architetto e pittore, ma anche designer di oggetti in vetro, mobili e gioielli. Il piano inferiore è la cornice ideale per mostre temporanee di arte figurativa.

APERTURA > Da martedì a domenica, 9:30-17:00, biglietti fino alle 16:30 (aperto il lunedì di Pasquetta e di Pentecoste)

GIORNI DI CHIUSURA STRAORDINARIA > 1/1, 9/5 (pomeridiana) e 25/12

INGRESSO > € 4,00; 65+: € 3,00; bambini fino ai 12 anni: ingresso libero; giovani fino ai 25 anni: € 3,00; è possibile acquistare un biglietto combinato col Museo Groeninge; Brugge City Card: ingresso libero

INFO > Dijver 16, www.museabrugge.be

[CITY CARD] ♿ (piano terra) 01

Basiliek van het Heilig Bloed (Basilica del Sacro Sangue)

La cappella doppia consiste nella Chiesa romanica di San Basilio (1139-1149) al piano inferiore e nella basilica neogotica al primo piano, riedificata nel ottocento. All'interno della Basilica è conservata la reliquia del Sacro Sangue.

APERTURA > 15/10-31/3: 10:00-12:00 e 14:00-17:00; 1/4-14/10: 9:30-12:00 e 14:00-17:00

GIORNI DI CHIUSURA STRAORDINARIA > 15/10-31/3: mercoledì pomeriggio

INGRESSO > Cappella doppia: ingresso libero; camera del tesoro: € 2,00; studenti: € 1,50; bambini fino ai 12 anni: ingresso libero; Brugge City Card: ingresso libero

INFO > Burg 13, www.holyblood.org

02 02 03 Begijnhof (Beghinaggio)

Il "Principesco Beghinaggio Ten Wijngaarde" con le sue facciate imbiancate, il chiostro silenzioso e il museo, fu fondato nel 1245 ed è tuttora abitato dalle suore dell'Ordine di San Benedetto. Il portone d'accesso al Beghinaggio viene chiuso inderogabilmente alle 18:30.

APERTURA > Beghinaggio: aperto tutti i giorni, 6:30-18:30; Casa delle Beghine: da lunedì a sabato: 10:00-17:00, domenica 14:30-17:00

INGRESSO > Beghinaggio: ingresso libero; Casa delle Beghine: € 2,00; giovani: € 1,00; 60+: € 1,50; Brugge City Card: ingresso libero

INFO > Begijnhof 24-28-30, www.monasteria.org

04 Belfort (Torre Civica)

La torre principale di Bruges è alta 83 metri e ospita una camera del tesoro, un impressionante meccanismo a orologeria e un carillon con 47 campane squillanti. L'anno scorso, quello che è considerato il simbolo di Bruges è stato oggetto di accurati lavori di restauro. Nella sala d'ingresso i visitatori (in attesa) hanno ora la possibilità di approfondire la loro conoscenza della storia e della funzione del Belfort, parte del pa-

trimonio protetto di Bruges. Chi si avventura a salire sulla torre, può fare una sosta nella camera del tesoro, dove nel Medio Evo venivano conservate le effigi, il timbro e la cassa cittadina, al piano dell'orologio o al carillon. Alla fine, dopo ben 366 scalini, gli sforzi saranno ricompensati dalla vista mozzafiato e indimenticabile su Bruges e dintorni.

APERTURA > Tutti i giorni, 9:30-17:00, biglietti fino alle 16:15

GIORNI DI CHIUSURA STRAORDINARIA > 1/1, 9/5 (pomeridiana) e 25/12

INGRESSO > € 8,00; 65+: € 6,00; bambini fino ai 6 anni: ingresso libero; giovani fino ai 25 anni: € 6,00; Brugge City Card: ingresso libero

INFO > Markt 7, www.museabrugge.be

NOVITÀ
Brouwerij Bourgogne des Flandres (Birrificio)

Sin dal 1765 la famiglia Van Houtryve produce birra degna dei duchi di Borgogna. Sette generazioni dopo, le birre Bourgogne des Flandres vengono di nuovo prodotte a Bruges secondo l'esclusiva tecnica antica: la cosiddetta "infusione di lambic", un processo in cui una selezione delle migliori birre lambic viene mescolata con una birra scura ad alta fermentazione. Il birrificio Bourgogne des Flandres nell'estate del 2013 apre le porte al pubblico. Guide professioniste vi accompagneranno nell'antica storia della birra e saranno possibili degustazioni in loco.

APERTURA > Dall'estate 2013. Gli orari

d'apertura precisi sono disponibili sul sito web del birrificio.

INFO > Kartuizerinnenstraat 6, www.bourgognedesflandres.be

11 Brouwerij De Halve Maan (Birrificio)

Questo birrificio risale al 1546 ed è oggigiorno il birrificio più antico ancora attivo a Bruges. La birra della casa è la "Brugse Zot" una birra aromatica ad alta fermentazione a base di malto, luppolo e un lievito speciale da gustarsi sul posto. Visite guidate tutti i giorni in diverse lingue.

APERTURA > Da aprile a ottobre: tutti i giorni dalle 11:00-16:00 (sabato fino alle 17:00), visite guidate ogni ora; da novembre a marzo: tutti i giorni feriali, 11:00 e 15:00, sabato e domenica, 11:00-16:00, visite guidate ogni ora

GIORNI DI CHIUSURA STRAORDINARIA > 1/1, 7/1-11/1, 14/1-18/1, 21/1-25/1, 24/12 e 25/12

INGRESSO > € 7,00 (consumazione compresa); bambini dai 6 ai 12 anni: € 3,50; Brugge City Card: ingresso libero

INFO > Walplein 26, tel. +32 (0)50 44 42 22, www.halvemaan.be

12 01 03 08 Brugse Vrije (Libertà di Bruges)

Da questo edificio risalente al 1722-1727 veniva governato il territorio di Bruges, mentre dal 1795 al 1984 è stato sede del tribunale. Oggi ospita l'archivio municipale ed è il punto in cui si conserva la memoria scritta della città. L'edificio consta della vecchia sala della corte d'assise e della sala rinascimentale dal monumentale camino del cinquecento in legno, marmo e alabastro.

APERTURA > Tutti i giorni, 9:30-12:30 e 13:30-17:00, biglietti fino alle 12:00 e 16:30

GIORNI DI CHIUSURA STRAORDINARIA > 1/1, 9/5 (pomeridiana) e 25/12

INGRESSO > Compresa la visita al Municipio e audioguida: € 4,00; 65+: € 3,00;
bambini fino ai 12 anni: ingresso libero;
giovani fino ai 25 anni: € 3,00; Brugge
City Card: ingresso libero

INFO > Burg 11a, www.museabrugge.be

13 Choco-Story (Museo del Cioccolato)

Il Museo del Cioccolato immerge i visitatori nella storia del cacao e del cioccolato, dai Maya ai conquistatori spagnoli
fino alle odierne golosità. I bambini possono esplorare il museo grazie a un'imperdibile caccia al tesoro di cioccolato.
È possibile inoltre gustare i cioccolatini
preparati al momento.

APERTURA > Tutti i giorni, 10:00-17:00, biglietti fino alle 16:15

GIORNI DI CHIUSURA STRAORDINARIA >
1/1, 7/1-18/1, 24, 25 e 31/12

INGRESSO > € 7,00; 65+ e studenti: € 6,00;
bambini dai 6 ai 12 anni: € 4,00; bambini
fino ai 5 anni: ingresso libero; Brugge
City Card: ingresso libero

INFO > Wijnzakstraat 2,
www.choco-story.be

15 Museum-Gallery Xpo Salvador Dalí

All'interno del Belfort si può ammirare
una fantastica collezione di famose
opere grafiche, quadri e disegni del celebre artista Salvador Dalí. Tutti pezzi
originali, la cui autenticità è stata con-
trollata dalla Fundació Gala-Salvador
Dalí. La collezione è allestita su un sen-
sazionale sfondo daliniano di specchi e
rosa shocking.

APERTURA > Tutti i giorni, 10:00-18:00

GIORNI DI CHIUSURA STRAORDINARIA >
1/1 e 25/12

INGRESSO > € 10,00; 65+ e studenti:
€ 8,00, bambini fino agli 11 anni: ingresso
libero; Brugge City Card: ingresso libero

INFO > Markt 7, www.dali-interart.be

18 Diamantmuseum Brugge (Museo del Diamante di Bruges)

Il Museo del Diamante di Bruges illustra
la storia del più antico centro di lavorazione dei diamanti in Europa. I diamanti
sono a tutt'oggi uno dei prodotti di punta esportati dal Belgio. Ogni giorno si
tiene una dimostrazione di taglio dei
diamanti.

APERTURA > tutti i giorni, ore 10:30-17:30. Le dimostrazioni di taglio dei diamanti iniziano alle ore 12:15 e 15:15 nel fine settimana, durante le vacanze scolastiche e tutti i giorni nel periodo 1/2-31/10. Nei giorni feriali del periodo 1/11-31/3 solo alle ore 12:15 (si richiede la presenza 15 minuti prima).

GIORNI DI CHIUSURA STRAORDINARIA > 1/1, 7/1-18/1, 24/12 e 25/12

INGRESSO > Museo: € 7,00; museo + dimostrazione taglio diamanti: € 10,00; Brugge City Card: ingresso libero

INFO > Katelijnestraat 43, www.diamondmuseum.be

20 Frietmuseum (Museo delle Patatine Fritte)

Questo museo didattico narra la storia della patata, delle patatine fritte e di svariate salse d'accompagnamento ed è ospitato in uno dei più begli edifici di Bruges, la Saaihalle.

APERTURA > Tutti i giorni, 10:00-17:00, biglietti fino alle 16:15

GIORNI DI CHIUSURA STRAORDINARIA > 1/1, 7/1-18/1, 24, 25 e 31/12

INGRESSO > € 6,00; 65+ e studenti: € 5,00; bambini dai 6 ai 12 anni: € 4,00; bambini fino ai 5 anni: ingresso libero; Brugge City Card: ingresso libero

INFO > Vlamingstraat 33, www.frietmuseum.be

07 21 Gentpoort (Porta di Gand)

La Porta di Gand è una delle quattro porte cittadine medievali di Bruges tuttora esistenti; era l'ingresso in città per i forestieri ed il confine col mondo esterno per gli abitanti di Bruges. La porta doveva proteggere la città, ma serviva anche da transito per le merci in entrata o uscita.

APERTURA > Da giovedì a domenica, 9:30-12:30 e 13:30-17:00, biglietti fino alle 12:00 e 16:30

GIORNI DI CHIUSURA STRAORDINARIA > 1/1, 9/5 (pomeridiana) e 25/12

INGRESSO > € 4,00; 65+: € 3,00; bambini fino ai 12 anni: ingresso libero; giovani fino ai 25 anni: € 3,00; Brugge City Card: ingresso libero

INFO > Gentpoortvest, www.museabrugge.be

22 Gezellemuseum (Museo Gezelle)

Il museo dedicato alla vita e all'opera di Guido Gezelle (1830-1899), uno dei più noti poeti fiamminghi, è ospitato nella sua casa natia in un tranquillo quartiere popolare. Oltre allo sguardo sulla sua vita e opere, la casa offre anche conferenze letterarie. Accanto si trova un romantico giardino che ha come richiamo "L'uomo che dà il fuoco" di Jan Fabre.

APERTURA > Da martedì a domenica, 9:30-12:30 e 13:30-17:00, biglietti fino alle 12:00 e 16:30 (aperto il lunedì di Pasquetta e di Pentecoste)

GIORNI DI CHIUSURA STRAORDINARIA > 1/1, 9/5 (pomeridiana) e 25/12

INGRESSO > € 4,00; 65+: € 3,00; bambini fino ai 12 anni: ingresso libero; giovani fino ai 25 anni: € 3,00; Brugge City Card: ingresso libero

INFO > Rolweg 64, www.museabrugge.be

23 Groeningemuseum (Museo Groeninge)

Il Museo Groeninge offre una variegata rassegna della storia delle arti figurative in Belgio, al cui apice sono i celebri Primitivi fiamminghi. Si possono ammirare inoltre i capolavori del neoclassicismo dei secoli 18° e 19°, quelli dell'espressionismo fiammingo e molte opere d'arte moderna dal dopoguerra in poi.

APERTURA > Da martedì a domenica, 9:30-17:00, biglietti fino alle 16:30 (aperto lunedì di Pasquetta e di Pentecoste)

GIORNI DI CHIUSURA STRAORDINARIA > 1/1, 9/5 (pomeridiana) e 25/12

INGRESSO > Compresa la visita all'Arentshuis: € 8,00; 65+ e giovani fino ai 25 anni: € 6,00; bambini fino ai 12 anni: ingresso libero; Brugge City Card: ingresso libero

INFO > Dijver 12, www.museabrugge.be

24 Gruuthusemuseum (Museo Gruuthuse)

Accoglienza da principi nello sfarzoso palazzo dei signori di Gruuthuse. Il Museo Gruuthuse raccoglie i più disparati oggetti che mostrano la vita quotidiana tra il quattrocento e l'ottocento. Una delle attrazioni principali è la Sala d'Onore con i suoi arazzi, l'imponente camino e le travi riccamente decorate: testimonianze del lusso e dell'opulenza dei Signori di Gruuthuse.

APERTURA > Da martedì a domenica, 9:30-17:00, biglietti fino alle 16:30 (aperto il lunedì di Pasquetta e di Pentecoste)

GIORNI DI CHIUSURA STRAORDINARIA > 1/1, 9/5 (pomeridiana) e 25/12

INGRESSO > € 8,00; 65+: € 6,00; bambini fino ai 12 anni: ingresso libero; giovani fino ai 25 anni: € 6,00; Brugge City Card: ingresso libero

INFO > Dijver 17, www.museabrugge.be
Dal 22/3 al 23/6 nel Gruuthusemuseum si tiene una mostra sul manoscritto di Gruuthuse. Scopri di più a pagina 108, nell'intervista con Brody Neuenschwander.

NUOVO
Historium Bruges

All'Historium si torna indietro al Secolo d'Oro di Bruges. Effetti speciali, film e sfondi ci riportano all'anno 1435, mentre un'emozionante storia d'amore (audioguida nella tua lingua) ci fa ritrovare nella Bruges medievale: si passeggia per il porto, si dà uno sguardo alla bottega di van Eyck e per le vie si respira un'antica atmosfera. Oppure puoi farti sorprendere dai meravigliosi odori e dalle maliziose risatine nelle terme e lanciarti in un volo moz-

zafiato sulla Bruges medioevale. Per riprendersi da tutte queste emozioni, puoi rifugiarti al Duvelorium, un concept store della birra che vanta una splendida vista su piazza Markt.

APERTURA > tutti i giorni ore 10:00-18:00 (biglietteria aperta fino alle 17:00), il giovedì in notturna fino alle 21:00 (biglietteria aperta fino alle ore 20:00)
GIORNI DI CHIUSURA STRAORDINARIA > 1/1 e 25/12
INGRESSO > audioguida inclusa: € 11,00; bambini fino a 14 anni: € 5,50; Family Pass (2 adulti e max. 3 bambini fino a 14 anni): € 30,00; biglietto combinato Historium-Groeningemuseum: € 15,00; Brugge City Card: € 8,25
INFO > Markt 1, www.historium.be

09 Hof Bladelin (Corte Bladelin)

Pieter Bladelin, tesoriere dell'ordine del Toson d'Oro, diede incarico di edificare intorno al 1440 la Corte Bladelin. Nel quattrocento venne trasferita qui una filiale del fiorentino Banco dei Medici. I medaglioni-ritratto di Lorenzo de Medici e sua moglie decorano tuttora le pareti in

pietra dell'austera corte interna, di recente oggetto di accurati lavori di restauro.

APERTURA > Corte interna, palazzo e cappella: da lunedì a venerdì, 9:00-12:00 e 14:00-17:00; solo visite guidate previo appuntamento, tel. +32 (0)50 33 64 34

GIORNI DI CHIUSURA STRAORDINARIA > nel fine settimana; festivi

INGRESSO > Cortile interno, sale e cappella: € 5,00

INFO > Naaldenstraat 19

27 Kantcentrum (Centro del Merletto)

Il Centro del Merletto è ospitato all'interno di un complesso del quattrocento che comprende gli storici ospizi finanziati dalla famiglia Adorni, che fece edificare la Cappella di Gerusalemme. Nel Centro si tengono dimostrazioni di arte del merletto e numerosi corsi, mentre nel negozio si vendono svariati materiali per la lavorazione del merletto.

APERTURA > Da lunedì a sabato, sempre aperto dalle 10:00-17:00

GIORNI DI CHIUSURA STRAORDINARIA > 1/1, 25/12 e festivi

INGRESSO > (visita guidata o libera) € 3,00; 65+, studenti (con tessera dello studente) e bambini dai 7 ai 12 anni: € 2,00; bambini fino ai 6 anni: ingresso libero; Brugge City Card: ingresso libero

INFO > Peperstraat 3a, www.kantcentrum.eu

29 Lumina Domestica (Museo delle Lampade)

Questo museo delle lampade, con i suoi 6000 pezzi d'antiquariato, forma la più grande collezione di lampade del mon-

do e racconta la storia completa dell'illuminazione da interni, dalle fiaccole ai lumi a olio, fino alle lampadine e ai LED.

APERTURA > Tutti i giorni, 10:00-17:00, biglietti fino alle 16:15

GIORNI DI CHIUSURA STRAORDINARIA > 1/1, 7/1-18/1, 24, 25 e 31/12

INGRESSO > € 6,00; 65+ e studenti: € 5,00; bambini dai 6 ai 12 anni: € 4,00; bambini fino ai 5 anni: ingresso libero; Brugge City Card: ingresso libero

INFO > Wijnzakstraat 2, www.luminadomestica.be

Onze-Lieve-Vrouwekerk (Chiesa di Nostra Signora)

Il campanile in laterizio alto 122 metri della Chiesa di Nostra Signora è un fulgido esempio dell'abilità dei mastri muratori di Bruges. All'interno si trova una ricca collezione d'arte: la celeberrima "Madonna col Bambino" di Michelangelo, numerosi dipinti, le cripte affrescate del duecento e i mausolei di Maria di Borgogna e Carlo il Temerario.

APERTURA > La chiesa e il museo sono aperti da lunedì a sabato, 9:30-17:00 (biglietti per la sezione museo in vendita nella navata sud fino alle 16:30); domenica e festività religiose, 13:30-17:00 (biglietti fino alle 16:30). La chiesa ed il museo non sono accessibili in caso di celebrazione di matrimoni e funerali.

Buono a sapere: in questo momento nella chiesa sono in corso lavori di restauro.

GIORNI DI CHIUSURA STRAORDINARIA > Museo: 1/1, 9/5 (pomeridiana) e 25/12

INGRESSO > € 6,00; 65+: € 5,00; bambini fino ai 12 anni: ingresso libero; giovani fino ai 25 anni: € 5,00; Brugge City Card: ingresso libero

INFO > Mariastraat, www.museabrugge.be

16 32 Onze-Lieve-Vrouw-ter-Potterie (Nostra Signora della Potterie)

L'Ospedale risale al duecento quando le monache vi curavano pellegrini, viandanti e malati. L'ospedale è stato trasformato in una moderna casa per anziani, mentre le infermerie, che contano ricche collezioni di opere d'arte, reliquie religiose e da monasteri, nonché diversi strumenti medici, sono state convertite in museo. È possibile inoltre visitare la chiesa gotica dagli interni barocchi.

APERTURA > Da martedì a domenica, 9:30-12:30 e 13:30-17:00, biglietti fino alle 12:00 e 16:30 (aperto lunedì di Pasquetta e di Pentecoste)

GIORNI DI CHIUSURA STRAORDINARIA > 1/1, 9/5 (pomeridiana) e 25/12

INGRESSO > € 4,00; 65+ e giovani fino ai 25 anni: € 3,00; bambini fino ai 12 anni:

ingresso libero; Brugge City Card: ingresso libero

INFO > Potterierei 79 B, www.museabrugge.be

17 Onze-Lieve-Vrouw-van-Blindekenskapel (Cappella di Nostra Signora dei Ciechi)

La Cappella di Nostra Signora dei Ciechi fu edificata in legno nel 1305 a opera del conte delle Fiandre, Roberto di Bethune. Egli fece edificare la cappella dopo la Battaglia di Mons-en-Pévèle (1304) come ringraziamento a Nostra Signora. L'attuale cappella venne costruita nel 1651. La miracolosa icona di Nostra Signora dei Ciechi è una Madonna col Bambino in legno di quercia del 1415. Ogni anno, il 15 di agosto, per le vie di Bruges si svolge la processione dei Ciechi. Per mantenere il 'Voto di Bruges', formulato durante la battaglia di Mons-en-Pévèle, gli abitanti della città offrono un cero votivo alla Chiesa di Nostra Signora della Potterie fin dal 1304.

APERTURA > Tutti i giorni, 9:00-17:00

INFO > Kreupelenstraat

34 Expo Picasso

Nel complesso dell'antico Ospedale di San Giovanni si trova un'esposizione permanente che conta più di 120 opere originali di Pablo Picasso. Vi si possono ammirare incisioni e rare illustrazioni, ma anche disegni e ceramiche del celebre artista, che offrono una panoramica dell'evoluzione dell'opera di Picasso: dal periodo spagnolo al cubismo, fino al surrealismo. Inoltre, si possono scoprire le opere dei suoi amici artisti Matisse, Miró, Braque, Rodin, Chagall ed Ensor.

APERTURA > Tutti i giorni, 10:00-17:00 ; chiuso il martedì, tranne durante le vacanze scolastiche

GIORNI DI CHIUSURA STRAORDINARIA > chiuso a gennaio e 25/12

INGRESSO > € 8,00; 60+ e ragazzi dai 7 ai 18 anni: € 6,00; bambini fino ai 6 anni: ingresso libero; biglietto combinato Expo Picasso/ Museum-Gallery Xpo Salvador Dalí: € 15,00; 60+ e ragazzi dai 7 ai 18 anni: € 11,00; Brugge City Card: ingresso libero

INFO> Site Oud Sint-Jan, Mariastraat 38, www.expo-brugge.be

35 Sint-Janshospitaal (Ospedale di San Giovanni)

Nell'Ospedale di San Giovanni, che conta più di 8 secoli di storia, suore e frati curavano pellegrini, viandanti e malati. Le infermerie medievali e la chiesa dell'ospedale ospitano una ragguardevole collezione di materiale d'archivio, opere d'arte, strumenti medici e sei opere di Hans Memling. Da visitare inoltre: il solaio Diksmuide, il vecchio dormitorio, la stanza del custode e l'annessa farmacia.

APERTURA > Da martedì a domenica, 9:30-17:00, biglietti fino alle 16:30 La farmacia è aperta da martedì a domenica, 9:30-11:45 e 14:00-17:00, biglietti fino alle 16:30 (aperto lunedì di Pasquetta e di Pentecoste)

GIORNI DI CHIUSURA STRAORDINARIA > 1/1, 9/5 (pomeridiana) e 25/12

INGRESSO > € 8,00; 65+ e giovani fino ai 25 anni: € 6,00; bambini fino ai 12 anni: ingresso libero; Brugge City Card: ingresso libero

INFO > Mariastraat 38, www.museabrugge.be

36 Sint-Janshuismolen (Mulino)
28 Koeleweimolen (Mulino)

Fin dall'edificazione della cinta muraria esterna alla fine del Duecento i mulini abbelliscono le roccaforti di Bruges. Oggi ne esistono ancora quattro esemplari sul Kruisvest. Il Mulino Sint-Janshuis (1770) vi si erge ancora e continua a tutt'oggi a macinare grano, come pure il Mulino Koelewei.

APERTURA > Mulino Sint-Janshuis: da maggio ad agosto: da martedì a domenica, 9:30-12:30 e 13:30-17:00, biglietti fino alle 12:00 e 16:30 (aperto lunedì di Pentecoste); settembre: sabato e domenica, 9:30-12:30 e 13:30-17:00, biglietti fino alle 12:00 e 16:30
Mulino Koelewei: in luglio e agosto da martedì a domenica, 9:30-12:30 e 13:30-17:00, biglietti fino alle 12:00 e 16:30

GIORNI DI CHIUSURA STRAORDINARIA > Mulino Sint-Janshuis: 9/5 (pomeridiana)

INGRESSO > € 3,00; 65+: € 2,00; bambini fino ai 12 anni: ingresso libero; giovani fino ai 25 anni: € 2,00; Brugge City Card: ingresso libero

INFO > Kruisvest, www.museabrugge.be

23 Sint-Salvatorskathedraal (Cattedrale di San Salvatore)

La più antica chiesa parrocchiale di Bruges (12°-15° secolo) possiede tra l'altro una cassa d'organo, tombe medievali, arazzi di Bruxelles e una ricca collezione di pittura fiamminga (Trecento-Settecento). La camera del tesoro della cattedrale ospita inoltre dipinti dei Primitivi Fiamminghi

come Dieric Bouts e Hugo van der Goes.
Buono a sapersi: in questo momento nella chiesa sono in corso lavori di restauro.

APERTURA > Cattedrale: da lunedì a venerdì: 9:00-12:00 e 14:00-17:30; sabato: 9:00-12:00 e 14:00-15:30; domenica: 9:00-10:00 e 14:00-17:00; camera del tesoro: aperto tutti i giorni (tranne sabato): 14:00-17:00

GIORNI DI CHIUSURA STRAORDINARIA > Camera del tesoro: nel mese di gennaio

INGRESSO > Cattedrale e camera del tesoro: ingresso libero

INFO > Steenstraat, www.sintsalvator.be

38 Schuttersgilde Sint-Sebastiaansgilde (Corporazione degli Arcieri di San Sebastiano)

La Corporazione di San Sebastiano è una corporazione degli arcieri che esiste da più di 600 anni ed è unica al mondo. Puoi visitare la sala reale e la cappella privata o passeggiare nel giardino.

APERTURA > 01/05-30/9: martedì, mercoledì e giovedì: 10:00-12:00, sabato: 14:00-17:00; 1/10-30/4: martedì, mercoledì, giovedì e sabato: 14:00-17:00

INGRESSO > € 3,00

INFO > Carmersstraat 174, www.sebastiaansgilde.be

39 Sound Factory – Lantaarntoren

Visita la Sound Factory nella Lantaarntoren del Concertgebouw: mettiti all'opera e crea le tue composizioni con svariati campionamenti e suoni. Dal tetto della Lantaarntoren puoi godere dello straordinario panorama del centro di Bruges e sperimentare quanto vuoi con campane e note.

APERTURA > Da martedì a domenica, 9:30-17:00, biglietti fino alle 16:30 (aperto il lunedì di Pasquetta e di Pentecoste)

GIORNI DI CHIUSURA STRAORDINARIA > 1/1, 9/5 (pomeridiana) e 25/12

INGRESSO > € 6,00; 65+: € 5,00; bambini fino ai 12 anni: ingresso libero; giovani fino ai 25 anni: € 5,00; Brugge City Card: ingresso libero

INFO > 't Zand 34, www.museabrugge.be en www.sound-factory.be

09 40 Stadhuis (Municipio)

Il Municipio di Bruges risale al 1376, è uno dei più antichi dei Paesi Bassi e ha governato la città per oltre 600 anni. Da non perdere è la Sala Gotica, straordinaria opera d'arte dai muri affrescati dell'inizio del 1900 e la volta policroma. Nella storica sala adiacente, la storia del governo civico è rievocata da autentici documenti e opere d'arte. A pianoterra, una mostra multimediale gratuita illustra l'evoluzione del Burg (Piazza del Municipio).

APERTURA > Tutti i giorni, 9:30-17:00, biglietti fino alle 16:30

GIORNI DI CHIUSURA STRAORDINARIA > 1/1, 9/5 (pomeridiana) e 25/12

INGRESSO > Compresa la visita al Libertà di Bruges e audioguida: € 4,00; 65+: € 3,00; bambini fino ai 12 anni: ingresso libero; giovani fino ai 25 anni: € 3,00; Brugge City Card: ingresso libero

INFO > Burg 12, www.museabrugge.be

42 Volkskundemuseum (Museo Folcloristico)

In questi monolocali restaurati del Seicento trovano posto, tra le altre, un'aula scolastica, una modisteria, una farmacia, una pasticceria, una drogheria e un'autentica camera da letto. Dopo la visita ci si può rilassare alla caffetteria del museo 'Il Gatto Nero' o nel giardino. Al piano esposizioni si trova una collezione di merletti.

GIORNI DI CHIUSURA STRAORDINARIA > 1/1, 9/5 (pomeridiana) e 25/12

INGRESSO > € 4,00; 65+: € 3,00; bambini fino ai 12 anni: ingresso libero; giovani fino ai 25 anni: € 3,00; Brugge City Card: ingresso libero

INFO > Balstraat 43, www.museabrugge.be

APERTURA > Da martedì a domenica, 9:30-17:00, biglietti fino alle 16:30 (aperto il lunedì di Pasquetta e di Pentecoste)

SCEGLI LA CONVENIENZA!

» Brugge City Card

Con la Brugge City Card puoi visitare gratuitamente 26 musei e attrazioni turistiche di Bruges. Per ulteriori informazioni, vedi pagina 12. La Brugge City Card è in vendita al **i** 't Zand (Concertgebouw), Markt (Historium) e al Stationsplein (Station).

» Museumpas

Con il Museumpas visiti senza limiti tutte le strutture di Musea Brugge (www.musea-brugge.be) per soli € 20,00. I più giovani (12 - 25 anni) € 15,00. La tessera vale per tre giorni successivi ed è in vendita presso tutte le strutture di Musea Brugge e al **i** 't Zand (Concertgebouw).

» Biglietto combinato Choco-Story/Museo del Diamante

Fai seguire una golosa gita al Choco-Story da un'abbagliante visita al Museo del Diamante. Il biglietto combinato costa € 12,00 e si può acquistarlo presso i due musei e al **i** 't Zand (Concertgebouw).

» Biglietto combinato Choco-Story/Lumina Domestica/Museo delle Patatine Fritte

Visita questi tre musei a un prezzo conveniente.

- **Biglietto combinato (3 musei):** € 16,00; 65+ e studenti: € 13,00; bambini (dai 6 ai 11 anni): € 9,00; bambini fino ai 5 anni: ingresso libero
- **Biglietto combinato (2 musei a scelta):** € 11,00; 65+ e studenti: € 9,00; bambini (dai 6 ai 11 anni): € 6,00; bambini fino ai 5 anni: ingresso libero
- Questi biglietti combinati si possono acquistare presso i relativi musei e al **i** 't Zand (Concertgebouw).

Cultura e divertimento

La vita culturale di Bruges è fiorente ed eccellente. Gli esperti di architettura ammirano il Concertgebouw, mentre assistono a concerti o a spettacoli di danza di livello internazionale; i romantici scelgono una serata sofisticata all'elegante Teatro Cittadino, e gli appassionati di jazz sono di casa al Centro artistico De Werf. I più giovani s'incontrano agli spettacoli della Sala Magdalena.

14 Concertgebouw (Auditorio)

L'imponente auditorio (1295 posti) e la più raccolta saletta per la musica da camera (320 posti) offrono spettacoli di musica, teatro musicale e danza di alto livello internazionale. L'acustica e l'atmosfera raccolta delle sale non hanno pari. Brugge City Card: 30% di sconto sugli spettacoli indicati nella rivista mensile gratuita events@brugge.

INFO > 't Zand 34, tel. +32 (0)70 22 33 02 (lun-ven: 16:00-18:30), www.concertgebouw.be

41 Stadsschouwburg (Teatro Cittadino)

Il Teatro Cittadino è uno dei teatri civici meglio conservati d'Europa (1869) con il suo sfarzoso foyer e la maestosa sala teatrale. Qui vengono allestiti spettacoli contemporanei di teatro di e danza, e concerti. Brugge City Card: 30% di sconto sugli spettacoli di spettacoli indicati nella rivista mensile gratuita events@brugge.

INFO > Vlamingstraat 29, tel. +32 (0)50 44 30 60 (giorni feriali dalle 13:00 alle 18:00, sabato dalle 10:00 alle 13:00), www.ccbrugge.be

30 Magdalenazaal (MaZ, Sala Magdalena)

L'indirizzo giusto per i giovani appassionati di teatro e di danza e tanta, tanta musica. Grandi nomi, ma anche talenti noti a pochi intenditori si esibiscono qui in spettacoli originali. Vengono anche realizzati regolarmente spettacoli e attività per i più piccoli. Brugge City Card: 30% di sconto sugli spettacoli indicati nella rivista mensile gratuita events@brugge.

INFO > Magdalenastraat 27, Sint-Andries, tel. +32 (0)50 44 30 60 (giorni feriali dalle 13:00 alle 18:00, sabato dalle 10:00 alle 13:00), www.ccbrugge.be

17 De Werf (Centro artistico)

Nome noto negli ambienti jazz e appuntamento fisso per i concerti di numerosi musicisti belgi e internazionali. Da ottobre a maggio, ogni secondo lunedì del mese, si tiene una *jam session* gratuita nel foyer. De Werf è anche il luogo dove assistere a del buon teatro, dalle produzioni contemporanee a quelle per bambini. Brugge City Card: 25% di sconto

INFO > Werfstraat 108, tel. +32 (0)50 33 05 29, www.dewerf.be

Cosa c'è in programma?

L'elenco sottostante riporta i principali eventi ricorrenti annualmente che si tengono a Bruges. Negli uffici informazioni al Markt (Historium), al 't Zand (Concertgebouw) e alla Stationsplein (stazione) trovate il mensile gratuita events@brugge che fornisce ulteriori informazioni sul programma. Per il calendario dettagliato degli eventi è anche possibile consultare il sito web http://events.brugge.be.

Gennaio

Bach Academie

Per tre giorni Bruges diventa *the place to be* per tutto ciò che riguarda il grande compositore di Lipsia. La Bach Academie di Bruges si concentra, insieme con Philippe Herreweghe e il suo Collegium Vocale di Gand, sull'opera di Bach ed in particolare sul cantorato di San Tommaso.

Febbraio

Brugs Bierfestival (festival della birra)

Per un intero weekend lo Stadshallen è il luogo dove conoscere le vecchie e nuove birre belghe.

INFO > www.brugsbierfestival.be

Per saperne di più, vai all'intervista con Bob Eck a pag. 132

Reismarkt (borsa del turismo)

Fiera del turismo alternativa allo Stadshallen. Al motto di "un viaggiatore aiuta l'altro", entusiasti informatori elargiscono consigli durante il *Reismarkt* su tutti i paesi che è possibile visitare e le diverse formule di viaggio.

Marzo

Brugge Culinair (Bruges gastronomica)

Fiera per palati raffinati e buongustai al Site Oud-Sint-Jan. Quest'anno per la prima volta l'ingresso è gratuito.

INFO > www.bruggeculinair.be

Ronde van Vlaanderen (Giro delle Fiandre)

Lo storico e famoso tour per ciclisti professionisti nel 2013 raggiunge la 97a edizione! Partenza dal Markt.

INFO > www.rondevanvlaanderen.be

Per saperne di più, vai all'intervista con Marina Tasiopoulos a pag. 124

Aprile

Festival Mooov

Nei dieci giorni di durata del festival cinematografico, al Cinema Lumière vengono proiettati i migliori film provenienti da Africa, Asia e Sud America.

INFO > tel. +32 (0)50 34 83 54, www.mooov.be

Erfgoeddag (giornata del patrimonio)

In tutte le Fiandre tesori nascosti aprono le loro porte al grande pubblico. Il tema affrontato varia di anno in anno.

INFO > www.erfgoeddag.be

Maggio

Meifoor

Per quattro settimane, circa 90 attrazioni invadono 't Zand, la Beursplein, il Koning Albertpark e la Simon Stevinplein.

Ascensione: Heilig Bloedprocessie (Processione del Sacro Sangue)

Sin dal 1304 la processione popolare ripropone scene dell'Antico e del Nuovo Testamento.

(scopri di più nel riquadro)

Dwars door Brugge (attraverso Bruges)

Migliaia di partecipanti attraversano la città in un giro di 15 km.

INFO > www.brugge.be

Giugno

Feest in 't Park (festa nel parco)

Festival gratuito aperto alle famiglie nel Minnewaterpark con un villaggio dei bambini del mondo, workshop, cucina internazionale e tanta musica, teatro e danza.

INFO > www.feestintpark.be

UNA PROCESSIONE SECOLARE

Ogni anno nel giorno dell'Ascensione la Processione del Sacro Sangue attraversa nell'interesse generale il centro di Bruges. Nelle prime due parti della processione preti, diversi ordini di frati e gruppi in costume rappresentano scene bibliche, dalla storia di Adamo ed Eva alla passione di Cristo. Segue quindi la storia di Teodorico di Alsazia che mostra le reliquie del Sacro Sangue al pubblico.

Secondo la tradizione Teodorico conte delle Fiandre, durante la seconda crociata (1146) avrebbe ricevuto alcune gocce del sangue di Cristo dal patriarca di Gerusalemme. La preziosa reliquia fu trasportata nel 1150 in un flaconcino a Bruges dove era ed è tutt'oggi venerata nella Basilica del Sacro Sangue. L'ultima parte della processione è dedicata all'adorazione del Sacro Sangue. Preceduti dalla Nobile Confraternita del Sacro Sangue, due prelati portano lo scrigno della reliquia.

"REIEFEEST" (FESTE LUNGO I CANALI): ANCHE NEL 2013

Dal 16/8 al 24/8 lungo i canali e sul Burg ha luogo un suggestivo spettacolo di luci e suoni. Gli spettatori vengono catapultati nell'affascinante epoca medievale, nella splendente epopea burgunda, nel fiorente rinascimento e nel frivolo barocco. Oltre 500 musicisti, cantanti, ballerini e attori creano *tableaux vivants* in numerose location. Tutte le scene vengono eseguite continuamente e indipendentemente l'una dall'altra in modo che ogni visitatore possa percorrere l'itinerario secondo il proprio ritmo. Dalle 21:00 alle 24:00. **INFO** > www.brugge.be

Zandfeesten (feste al 't Zand)

Chilometri e chilometri di mercato dell'usato e dell'antiquariato a 't Zand che attira cacciatori d'affari da oltre confine (In genere le *Zandfeesten* sono in programma agli inizi di luglio).

Luglio

Cactusfestival

Suggestivo festival musicale all'aria aperta per un cocktail di rock, reggae, World Music e dance.

INFO > www.cactusfestival.be

Brugge Tripel Dagen

Tre giorni di atmosfera gratuita con star fiamminghe e "Vlaanderen Zingt", un evento canoro a misura di pubblico.

INFO > www.bruggetripeldagen.be

Klinkers

Tre settimane di concerti gratuiti in suggestive location nel centro storico di Bruges.

INFO > www.klinkers-brugge.be

Agosto

Zandfeesten (feste al 't Zand)

Mercato dell'usato al 't Zand *(vedi sopra)*.

MAfestival

Rinomato festival di musica antica – MA sta infatti per Musica Antiqua – raccoglie il meglio a livello mondiale a Bruges e Lissewege.

INFO > tel. +32 (0)50 33 22 83, www.mafestival.be

Lichtfeest (Festa della luce)

Lissewege, il villaggio bianco, si presenta con spettacoli di fuochi, musica d'atmosfera e migliaia di candele.

Settembre

Open Monumentendag (giornata dei monumenti aperti)

Nel 2013 le Fiandre aprono per la 25a volta le porte di numerosi monumenti al grande pubblico. L'edizione giubileo diventa un "best of".

INFO > www.openmonumenten.be

"Kroenkelen" e domeniche senza auto

Gironzolare in bici o a piedi per la cintura verde intorno a Bruges o in una città senza auto (10:00-18:00).

Zandfeesten (feste al 't Zand)

Mercato dell'usato al 't Zand *(vedi sopra)*.

Ottobre

Jazz Brugge

Quattro giorni di festival ricchi di concerti e *jam-session* del migliore jazz europeo. Evento biennale, la prossima edizione è prevista per il 2014.

INFO > www.jazzbrugge.be

Razor Reel Fantastic Film Festival

Due settimane per gli amanti del cinema fantastico: dal fiabesco fantasy al raccapricciante horror. Viene dato spazio non solo alle ultime uscite, ma anche a classici e veri cult. Oltre alla proiezione di film vi sono workshop, mostre e una fiera del cinema e del libro.

INFO > www.rrfff.be

November

Razor Reel Fantastic Film Festival

Festival del cinema fantastico *(vedi sopra)*.

Brugges Festival

Diverse manifestazioni e concerti per una selezione di musica da tutto il mondo. La maggior parte dei concerti è all'aperto, alcuni (o in caso di cattivo tempo) nello Stadsschouwburg.

INFO > www.brugges-festival.be

Dicembre

Mercatino di Natale e pista di pattinaggio

Per tutto il mese è possibile immergersi nell'atmosfera di Natale in diverse piazze (Markt, Simon Stevinplein e Walplein); sul Markt potrete persino pattinare.

December Dance

Festival di danza contemporanea con la partecipazione di rinomati coreografi.

INFO > www.decemberdance.be

Cogli i vantaggi!

Con la Brugge City Card puoi usufruire di sconto per diversi eventi. Puoi trovare tutti i dettagli nel events@brugge. (Per maggiori informazioni, pagina 12).

Punta Est

Consigli degli esperti

Lavorare mentre si guarda Bruges, Patrimonio dell'Umanità

Barocco nell'aria

Frank Deleu nutre una passione quasi ossessiva per la musica che è riuscito a incanalare in modo proficuo. È il campanaro ufficiale di Bruges ed è stato produttore presso l'emittente radiofonica di musica classica Klara. Inoltre è un viveur entusiasta che ama curiosare in giro per la città e nel suo passato. Una personalità unica, ci parla del retaggio spirituale e della storia dei campanili più famosi di Bruges.

Frank Deleu guarda Bruges dall'alto – letteralmente quindi. Il campanaro sale almeno tre volte alla settimana i 366 scalini della Torre Civica per raggiungere la propria postazione di lavoro. Una passeggiata in verticale che dura precisamente otto minuti e che lo porta senza alcun ingorgo in pieno patrimonio immateriale ufficialmente riconosciuto. Un tesoro di 47 campane quasi tutte risalenti al XVIII secolo e di recente restaurate singolarmente. Eppure, il maestro campanaro non è certo un eremita. "No, non sono un eremita, ma è proprio lo strumento a esigere di venir suonato al riparo e lontano dalle masse. Non si fa certo per la gloria, visto che ben pochi lo notano, è piuttosto una passione che è andata crescendo."

L'esclusiva icona della città – il Belfort era nelle Fiandre il simbolo della libertà delle città - può anche aver perso la sua funzione originaria di orologio, ma il carillon resta molto popolare. Ora la funzione ricreativa ha avuto il sopravvento ed in estate i concerti serali del lunedì e mercoledì attirano un gran pubblico nel cortile della torre campanaria. Un pubblico silenzioso si lascia sommergere dai suoni del carillon in posti scelti sparsi per la città. La stretta Breidelstraat, con la sua perfetta acustica, è un luogo ideale, ma anche la piazza del Municipio offre un posto in prima fila. Il carillon di Bruges è stato celebrato da fior di scrittori: da Longfellow a Baudelaire e Jules Verne; inoltre tre opere liriche si sono ispirate a *Le carillonneur de Bruges* e a metà del diciannovesimo secolo gli inglesi si recavano apposta per il carillon a Bruges, che allora era la città più povera del paese.

"Klankentoren"

Frank Deleu si sorprende ancora ogni giorno della bellezza che la città ha conservato, del suo gran numero di musei e opere d'arte, dei suoi tanti luo-

*"Bruges non è soltanto splendidamente tenuta,
le sue vie sono pulite e ordinate."*

ghi storici raccolti e del suo fitto programma culturale. "Bruges non è soltanto splendidamente tenuta, le sue vie sono pulite e ordinate, e mi auguro che in futuro riesca a conservare il suo carattere storico, come sanno fare tante città italiane: con poco traffico e rifiutando esperimenti di architettura contemporanea. per cui c'è spazio in abbondanza fuori dal centro cittadino."

VIA BRUGENSIS

La storia sta letteralmente tra le pietre delle vie di Bruges, e pure lungo le quaranta conchiglie di San Giacomo che formano la parte di Bruges della Via Brugensis – l'antico percorso dei pellegrini verso Santiago de Compostela. Queste conchiglie rappresentano un umile omaggio alle migliaia di viandanti che percorrono i sentieri dalla zona dello Zwin sopra Bruges verso Menen, e sopra Doornik verso Sebourg, fin nelle vicinanze di Valenciennes, dove poi si riallacciano al sentiero della Grande Randonnée.

SUONI DI CARILLON ESTIVI

Chi volesse ascoltare Frank Deleu al suo meglio, può farlo in estate nelle serate di lunedì e mercoledì quando, dalle nove alle dieci, suona con passione questo strumento unico. Nel corso dell'anno il campanaro suona anche mercoledì, sabato e domenica dalle 11:00 fino alle 12:00.

Ma anche il maestro campanaro non disdegna le novità. Frank Deleu è infatti entusiasta della Sound Factory, il nuovo spazio interattivo per l'arte auditiva sul tetto panoramico del Concertgebouw. Per celebrare 500 anni d'arte del carillon, è stato redatto un inventario del patrimonio campanaro del centro storico. Si sono ricercati il luogo d'origine ed il nome del fonditore di circa 150 campane, quindi si è provveduto a registrarne il suono. Grazie a due moderni touch screen, i visitatori possono cimentarsi nella composizione e diffondere su tutta la città le loro creazioni artistiche.

Per tutte le informazioni pratiche sulla Sound Factory, vedi pagina 89.

Gli indirizzi di
Frank Deleu

POSTO PREFERITO

» **Onze-Lieve-Vrouw-ter-Potterie (Nostra Signora della Potterie),** Potterierei 79, www.museabrugge.be

"I posti più toccanti della città sono il museo e la Chiesa di Nostra Signora della Potterie, un luoghi un po' nascosti, ma che eccita la tua voglia di scoperta. Qui risplendono in tutta la loro umiltà piccoli gioielli dei tempi passati, dalle masserizie del sedicesimo secolo ai mobili ed a unici dipinti dimenticati. Un luogo travolgente".

RISTORANTI

» **Diligence,** Hoogstraat 5, tel. +32 (0)50 33 16 60

"Sono un vero fan della semplicità e della vivacità autentica del Diligence. Chiunque entri qui viene accolto calorosamente e fatto subito accomodarsi in questo piacevole, pur se un po' buio, ristorante. Banditi gli inutili fronzoli, vengono serviti classici fiamminghi che invogliano l'appetito".

» **Restaurant Pergola,** Meestraat 7, tel. +32 (0)50 44 76 50, chiuso il martedì ed il mercoledì, www.restaurantpergola.be

"Bruges offre diversi ristoranti con tavoli all'aperto, ma quelli del Restaurant Pergola sono nella top ten. Da qui, lontano dal frastuono, si ammira il fantastico Groenerei seduti in prima fila. Ed i deliziosi ed originali piatti completano il tuo piacere".

» **Sint-Joris**, Markt 29, tel. +32 (0)50 33 30 62, www.restaurant-sintjoris.be

"C'è chi ama la magia gastronomica ricercata, per quanto mi riguarda preferisco piatti semplici e gustosi. Come la sobria cucina del Sint Joris, ad esempio. Situato proprio sul Markt e già per questa ragione è da non perdere!"

» **Carlito's**, Hoogstraat 21, tel. +32 (0)50 49 00 75, nessun giorno di chiusura, www.carlitos.be

"Niente è buono come una semplice, ma vera pizza. Non troppo carica, ma farcita di ottimi ingredienti freschi. Sebbene da Carlito si possano mangiare anche diversi tipi di ottima pasta, io scelgo quasi sempre una delle squisite pizze. Così semplici eppure così buone. Piacere puro!"

» **Trium**, Academiestraat 23, tel. +32 (0)50 33 30 60, chiuso il lunedì, www.trattoriatrium.be

"Ogni visita al Trium è un'esperienza. Non appena si è entrati, sembra di essere a Napoli. Strabordante d'italiani gesticolanti che non nascondono la loro furia innata. Trium è sinonimo di atmosfera e teatralità. In perfetta armonia con gli eccellenti ed autentici piatti di pasta".

CAFFÈ

» **Craenenburg**, Markt 16, tel. +32 (0)50 33 34 02, www.craenenburg.be

"Craenenburg è l'ultimo vero caffè sul Markt. Da qui Margherita di York nel 1468 seguiva la giostra equestre sul Markt e Massimiliano d'Austria da dietro le inferriate alle finestre dovette guardare come il suo balivo e consigliere veniva torturato e decapitato sullo stesso Markt. Oggi è il punto d'incontro degli abitanti della città che vi si trovano per scambiarsi le ultime novità".

» **Concertgebouwcafé**, 't Zand 34, tel. +32 (0)50 47 69 81, chiuso la domenica, il lunedì e il martedì. www.concertgebouw.be/café

"Il Concertgebouwcafè è il luogo ideale per godersi ancora un po' atmosfera dopo un concerto o una rappresentazione. Un bar alla moda, a mio avviso, impregnato di fascino metropolitano. Davanti a un caffè o del semplice *fingerfood* mi piace guardare da qui il viavai del resto della città".

» **Cultuurcafé Biekorf**, Naaldenstraat 4, chiuso la domenica, www.ccbrugge.be

"Il bar si trova sulla piazzetta interna tra il Centro Culturale e la Biblioteca e vi si può accedere dalla biblioteca, dal centro culturale o dalla Naaldenstraat. Regolarmente luogo di sorprendenti esibizioni".

» **'t Hof van Rembrandt**, Eiermarkt 10, tel. +32 (0)50 33 74 50, www.thofvanrembrandt.be

"'t Hof van Rembrandt è raccomandato agli amanti della birra. Il locale offre infatti una selezione delle migliori birre che il Belgio ha da offrire. Da gustare in estate sulla soleggiata terrazza, d'inverno vicino all'accogliente camino".

» **'t Klein Venetië**, Braambergstraat 1, tel. +32 (0)50 33 10 37

"'t Klein Venetië rispecchia appieno il nome che porta: vi si gode una fantastica vista sui canali e sul Rozenhoedkaai, il luogo più fotografato di Bruges; sorridete, dunque!"

INDIRIZZI PER LO SHOPPING

» **Rombaux**, Mallebergplaats 13, tel. +32 (0)50 33 25 75, domenica e lunedì mattina chiuso, www.rombaux.be

"Il fornitissimo tempio della musica promuove già da tre generazioni musica classica, jazz e la migliore musica moderna ed in tutto questo tempo, esclusi piccoli lavori di manutenzione, nulla è stato fatto agli interni. Nessun posto è più adatto per farti consigliare della buona musica da veri professionisti".

» **Raaklijn**, Kuipersstraat 1, tel. +32 (0)50 33 67 20, chiuso la domenica,
  www.boekhandelraaklijn.be

"La libreria Raaklijn è la patria degli amanti della letteratura, un posto dove curiosare per ore e portare a casa ogni giorno una nuova scoperta. Mi puoi trovare li spesso".

» **Callebert**, Wollestraat 25, tel. +32 (0)50 33 50 61, chiuso la domenica ed il
  lunedì mattina, www.callebert.be

"Un amante del design come me troverà sicuramente di suo gradimento da Callebert. Dagli articoli in vetro iittala agli utensili Alessi, via le posate Georg Jensen ed un secchiello da vino Stelton, fino ad un pouf rosa shocking di Quinze&Milan o una sedia Verner Panton, mi capita spesso di non sapere cosa guardare prima".

» **Aenigma Antiquariaat**, Academiestraat 12, tel. +32 (0)50 37 17 25

"Se sono alla ricerca di qualcosa di strano, vado sicuramente all'Aenigma Antiquariaat. Con un po' di fortuna magari vi scovo qualcosa legato alla torre civica, il mio luogo di lavoro, o alla storia del carillon di Bruges".

» **Cursief**, Baron Ruzettelaan 193, tel. +32 (0)50 35 39 25

"In realtà non sono un vero amante dello shopping, ma da Cursief passo volentieri se cerco libri antichi o dischi usati".

SUGGERIMENTO CULTURALE

» **Concertgebouw**,
  't Zand, tel. +32 (0)50 47 69 99

"Con il suo vario programma, sempre di alta qualità, il Concertgebouw riesce a sorprendere tutti. Basta pensare all'annuale Bach Academie di fine gennaio, al progetto Gruuthuse di aprile e ai numerosi meravigliosi concerti. Tra l'altro, una visita alla Sound Factory è sempre divertente perché si possono testare le tue capacità creative con suoni e rumori. Dai libero sfogo alle tue sperimentazioni!"

I Primitivi Fiamminghi in primo piano

Till-Holger Borchert: "Il rispetto è la chiave del successo"

È nato ad Amburgo, vive a Bruxelles, ma lavora a Bruges, città ricca di sei secoli d'arte, dove tutto ruota intorno alla bellezza dei Primitivi Fiamminghi. Nel 2002, Till-Holger Borchert è stato uno dei curatori di Bruges, Capitale europea della cultura. Oggi è il conservatore dei musei Groeninge e Arentshuis di Bruges.

CARTA D'IDENTITÀ

Nome: Till-Holger Borchert
Nazionalità: tedesco
Data di nascita: 4 gennaio 1967
Nato ad Amburgo, vive a Bruxelles
Conservatore capo del Museo Groeninge,
autore di numerosi testi sui Primitivi Fiamminghi.

"Bruges è una città straordinariamente bella" dichiara Till-Holger Borchert. "E soprattutto estremamente vivibile, grazie al modo intelligente in cui il suo carattere medioevale viene preservato, pur in un'atmosfera moderna. Già nel XIII secolo vivevano moltissimi ricchi borghesi a Bruges, e la città si stava affermando per lo sviluppo della città. Ma soprattutto Bruges, a differenza di altre città, fu in gran parte risparmiata dagli scempi della furia iconoclasta legata alla diffusione del protestantesimo. Questo atteggiamento di rispetto è sopravvissuto fino ai giorni nostri, ed è una delle cose che apprezzo di più nel carattere della città, e con molti altri, abitanti e turisti."

Le Madonne di normale

"Quasi ogni giorno, vado a salutare due capolavori: la *Madonna del canonico Joris Van der Paele* di Jan van Eyck, all'interno del Museo Groeninge, e il dittico della *Madonna col Bambino e Maarten van Nieuwenhove* di Hans Memling, che si trova nell'Ospedale di San Giovanni. Certo non dico che ogni volta vi colgo

dei Primitivi Fiamminghi, come abbiamo potuto attirare l'attenzione della gente, allora come oggi, belgi e stranieri. Penso che ciò sia dovuto in larga parte al fatto che, per la prima volta nella storia dell'arte occidentale, questi quadri raffigurano cose e persone reali, riconoscibili, familiari. Perfino la Madonna sembra una donna normale. I Primitivi Fiamminghi hanno a mio avviso gettato le basi per una nuova concezione dell'arte, una concezione il cui realismo è comprensibile anche per l'osservatore moderno. Hanno scoperto l'individuo. Hanno inoltre saputo risolvere meglio di chiunque altro i problemi. Hanno saputo esplorare lo spazio con un'abilità e una creatività incredibili, per esempio introducendo uno specchio nell'ambiente che intendevano dipingere. Nel dittico di Memling sul

qualcosa di nuovo, ma la mia curiosità resta sempre elevata al pari del mio piacere, nell'osservarli. Continuo dunque ad occuparmi di loro, a studiarli e a investigare su di loro. Ci si potrebbe anche chiedere da dove derivi il fascino

TOMBE INTERESSANTI

Nella Chiesa di Nostra Signora (Onze-Lieve-Vrouwe-kerk) non si trova soltanto il mausoleo di Carlo il Temerario. Nella cripta della chiesa è infatti sepolta anche la sua unica figlia, Maria di Borgogna. Maria morì a 25 anni in seguito ad una caduta da cavallo. Il volto della statua sulla tomba è una riproduzione della maschera mortuaria di Maria. La scatola in metallo contenente il cuore di Filippo il Bello, figlio di Maria, è esposta nel deambulatorio della chiesa.

❤ NEGOZIO DEL MUSEO

"Chi visita il negozio del Museo Groeninge può stare certo di portare a casa con sé degli oggetti meravigliosi. I visitatori possono infatti scegliere di acquistare le proprie opere d'arte preferite sotto forma di un bel libro illustrato, o di una riproduzione, o ancora di una cartolina. Perché no, potete anche comprare qualcosa per se stessi, e non solo per parenti e amici rimasti a casa. L'ho visto fare da molti. Non solo agli entusiasti conservatori di musei stranieri, ma anche a mia moglie!"

muro alle spalle della Madonna si vede uno specchio, nel quale è riflessa la stanza in cui si trova la Vergine. Il pittore ha dipinto all'interno dello specchio la figura della Madonna, affiancata dalla figura del committente, il patrizio Maarten van Nieuwenhove. Straordinario. Se queste opere sanno ancora commuovermi? Senza ombra di dubbio. Ma l'emozione più pura mi coglie davanti ad un dipinto di Rogier van der Weyden piuttosto che di Jan van Eyck. Nei lavori di Van Eyck o Memling mi affascina soprattutto l'aspetto intellettuale, concettuale. Van der Weyden e van Eyck: già solo per questi due poli opposti di piacere vale la pena fare una visita alla stanza del tesoro di Bruges".

Gli indirizzi di
Till-Holger Borchert

POSTO PREFERITO

"Nelle chiese più grandi della città si possono ammirare straordinarie opere d'arte, che non sfigurerebbero in un museo, anzi! Con i suoi 122 m di altezza, la Chiesa di Nostra Signora è ilsecondo edificio più alto del mondo, costruito esclusivamente in mattoni. Non dimenticatevi quindi di guardare in alto quando la visitate… Da non perdere assolutamente nella Cattedrale di San Salvatore (Sint-Salvatorskathedraal) gli affreschi nella cappella battesimale. Vale la pena anche visitare la Chiesa di Giacomo (Sint-Jakobskerk) anche solo per il **mausoleo della famiglia de Gros**, che dimostra quanto fosse potente l'elite all'epoca dei Borgogna (e quanto ne fosse consapevole)."

RISTORANTI

» **Den Amand**, Sint-Amandsstraat 4, tel. +32 (0)50 34 01 22, chiuso la domenica ed il mercoledì, www.denamand.be

"Al Den Amand una volta ho visto un critico gastronomico tedesco copiare l'interno menù. Una referenza non da poco. Nel piccolo ed elegante bistrò si possono trovare turisti, ma anche tanti avventori locali!"

» **Rock Fort**, Langestraat 15, tel. +32 (0)50 34 41 13, www.rock-fort.be

"Rock Fort serve originali piatti contemporanei con un tocco moderno. Il ristorante è così buono che durante la settimana è sempre pieno. Apprezzato soprattutto dagli avventori locali. Ci passo ogni tanto volentieri. Attenzione, il locale è chiuso nel fine settimana."

» **'t Schrijverke**, Gruuthusestraat 4, tel. +32 (0)50 33 29 08, chiuso il lunedì,
   www.tschrijverke.be

"Il ristorante familiare reca il nome della poesia di Guido Gezelle che troneggia accanto alla porta. Ma 't Schrijverke è famoso soprattutto per i suoi deliziosi piatti locali e la sua birra "Karmeliet" alla spina."

» **Tanuki**, Oude Gentweg 1, tel. +32 (0)50 34 75 12, www.tanuki.be

"Un pezzetto di Giappone al centro di Bruges. Un luogo sacro della gastronomia dove si abbassa subito il tono della voce per non disturbare i silenziosi avventori nei loro piaceri del palato. Nella cucina aperta lo chef si dedica alla magia del sushi e del sashimi e prepara in piena serenità squisiti menù a sette portate."

» **Den Gouden Harynck**, Groeninge 25, tel. +32 (0)50 33 76 37,
   chiuso la domenica e il lunedì, www.dengoudenharynck.be

"Den Gouden Harynck è un punto fermo a Bruges, noto fra grandi e piccoli gourmet. Ed è anche uno dei più piacevoli ristoranti nella zona, come sarà pronto a confermare chiunque vi abbia messo piede."

CAFFÈ

» **Boru Irish Bar & Restaurant**,
   Burg 8, tel. +32 (0)50 34 91 45,
   www.boru.be

"Nel pub irlandese Boru è sempre festa. Caratterizzato da un'allegra atmosfera internazionale, è il genere di luogo in cui al banco vieni in contatto con il mondo intero."

» **The Druid's Cellar**, Sint-Amandsstraat 11, tel. +32 (0)50 61 41 44,
   www.thedruidscellar.eu

"Mi piace anche ritirarmi a The Druid's Cellar, anche solo per vedere lavorare Drew, il mio barista preferito, o per godermi un whiskey scozzese o irlandese. A The Druid's hanno sempre un gusto speciale."

» **Du Phare**, Sasplein 2, tel. +32 (0)50 34 35 90, chiuso il martedì,
www.duphare.be

"La terrazza del Du Phare non si può perdere assolutamente e nei giorni più freddi è dotata di riscaldamento da esterno. All'interno regna l'atmosfera blues di un vero caffè nord europeo. E viene servita la migliore cucina da bistrò. Un locale frequentato volentieri anche dalla popolazione indigena."

» **Den Express**, Stationsplein

"Il bar della stazione Den Express è fatto su misura per viaggiatori come me. Vi bevo sempre l'ultimo caffè prima della partenza, tenendo d'occhio il tran tran della stazione."

» **Hollandse Vismijn**, Vismarkt 4, chiuso il martedì, tel. +32 (0)50 33 33 01

"Se ho voglia di una buona birra belga, vengo all'Hollandse Vismijn. Un delizioso bar al mercato di pesce (Vismarkt). Il genere di bar in cui tutti si conoscono e chiunque entra viene accolto calorosamente. Alla salute!"

INDIRIZZI PER LO SHOPPING

» **De Striep**, Katelijnestraat 42, chiuso la domenica mattina ed il lunedì mattina, www.striepclub.be

"Per i fumetti moderni mi rivolgo certamente a De Striep. Vi si trovano le ultimissime novità, ma anche edizioni speciali ed articoli unici, il sogno di tutti i collezionisti. Un luogo dove giovani e vecchi si beano per ore ed ore."

» **Deldycke Delicatessen**, Wollestraat 23, tel. +32 (0)50 33 43 35, chiuso il martedì, www.deldycke.be

"Già nel XV secolo lo spagnolo Pedro Tafur rese Bruges famosa per i suoi frutti esotici ed insolite spezie. Oggi, il catering Deldycke prosegue la tradizione. Un luogo in cui tutti i tuoi desideri gastronomici diventano realtà."

» **Kleding Parallax**, Zuidzandstraat 17, chiuso la domenica, www.parallax.be

"Al Parallax compro tradizionalmente i miei calzini, ma sono maestri anche nel nascondere elegantemente la mia pancia da birra. Da frequentare dunque per tutti quelli che affrontano le stesse sfide vestiarie. Boss, Scabal, Zilton, Falke… le trovi tutte qui."

» **Antiquariaat Van de Wiele**, Sint-Salvatorskerkhof 7, chiuso il martedì, il mercoledì e la domenica, www.marcvandewiele.com

"Per l'arte e la storia ho scoperto il negozio d'antiquariato di Marc Van de Wiele, senza dubbio il migliore dei tanti antiquariati di cui la città è ricca. Il luogo ideale per scovare esclusivi antichi libri illustrati."

» **Boekhandel De Reyghere**, Markt 12, chiuso la domenica, www.dereyghere.be

"Per un altro genere di lettura vado al De Reyghere, sul Markt. Nell'edicola e libreria anche gli stranieri si sentono subito a casa, grazie all'ampia offerta di giornali e libri esteri."

RIFUGIO SEGRETO

» **Museumshop**, Arentshof, Dijver 16, chiuso il lunedì, www.museabrugge.be

» **Museo folcloristico, Museo Gezelle, Nostra Signora della Potterie, Cappella di Gerusalemme** e **Centro del Merletto**; vedere pagina 81-82 per maggiori informazioni

"Quando ho bisogno di staccare un po' la spina vado a passeggio nel quartiere di Sant'Anna (Sint-Annawijk), il quartiere più popolare di Bruges. Qui, nelle strade intorno al Museo folcloristico, si respira ancora quell'atmosfera autentica dei quartieri di una volta, e la sera regna una pace che non troverete da nessuna altra parte in città. In questo quartiere poco noto si trovano però anche molti posti interessanti, come il complesso storico di Nostra Signora della Potterie, il Centro del Merletto (Kantcentrum), la **Cappella di Gerusalemme (Jeruzalemkapel)**, di epoca medievale, e il Museo Gezelle."

Panorama culturale versatile

Brody Neuenschwander, un americano a Bruges

Che il noto calligrafo Brody Neuenschander alla fine approdasse proprio a Bruges non è certo un caso. Il suo amore, da una lato per i Primitivi Fiamminghi e dall'altro per sua moglie, lo ha inesorabilmente indirizzato verso la città dell'arte; la sua casa medievale con affreschi risalenti al XIV secolo lo hanno spinto a rimanervi per sempre. La storia di un texano dal cuore belga.

Nome: Brody Neuenschwander
Nazionalità: americana
Data di nascita: 8 settembre, 1958
Dal 1993 residente a Bruges.
Calligrafo di fama mondiale con noti committenti quali il governo USA, britannico e belga, la BBC e la Royal Mail; completamente immerso nel passato medievale della cittadina adottiva, ha l'occhio sempre rivolto al futuro.

Brody Neuenschwander sarà pure nato e cresciuto nella vasta Houston, Texas, ma già allora era destinato a Bruges. Quando giovane studente di storia dell'arte nei lontani USA conobbe i Primitivi Fiamminghi, prese subito l'aereo per vedere con i suoi occhi cotanta bellezza qui, all'altro capo del mondo. "Avevo 20 anni, arrivai sul ponte di Bonifacio, mi guardai intorno e pensai: Wow, questa sì che è una città speciale!" Che vi si stabilisse addirittura a vivere, sembrava allora inimmaginabile. Passarono gli anni, Brody studiò molto libri d'arte su Bruges, probabilmente i migliori prodotti d'esportazione della Bruges medievale, e quando sua nonna gli regalò un gruzzoletto, acquistò subito il suo primo esemplare. "Il mio piccolo tesoro medievale, un vero gioiellino."

Il calligrafo avrebbe in seguito conosciuto colei che l'avrebbe portato definitivamente a Bruges in quel di Londra. Fu subito chiaro che la coppia si sareb-

"Arrivai sul ponte di Bonifacio, mi guardai intorno e pensai: Wow, questa sì che è una città speciale!"

fossi caduto dalla scala, invece, sotto diversi strati di intonaco, avevo scoperto veri affreschi medievali. Non semplici scarabocchi, ma affreschi che oggi sono fra i più importanti delle intere Fiandre!" Brody non perde la sua flemma: "Ho scambiato un'opera d'arte con un'altra. Certo è carino pensare che era mio destino finire proprio in questa casa."

Bruges, centro mondiale della calligrafia occidentale

Sebbene il calligrafo ormai di fama mondiale potrebbe vivere in qualsiasi parte del globo terrestre, resta fedele alla sua città adottiva. "Qui la tua vista viene viziata quotidianamente, dovunque tu guardi, Bruges è sempre più bella. Per di più, è il centro della calligrafia occidentale. Non c'è nessuna città americana o europea che anche solo vi si avvicini. Bruges vanta non solo un numero incredibilmente elevato di calligrafi professionisti, ma anche numerosi negozi di calligrafia ed un'offerta istruttiva straordinariamente varia. E

be stabilita nella città natale di lei. Il libro d'arte venne venduto e scambiato per una casa da restaurare lungo i canali di Bruges. La casa più antica dell'area portuale medievale, come sarebbe risultato in seguito. Durante i lavori di restauro, il neo-proprietario immerso nei lavori fai-da-te emise all'improvviso un urlo spaventoso. "Mia moglie pensò che

EREDITÀ GENETICHE

"In Texas tutto è ampio. Case, panorami, tavoli dei ristoranti. Qui il formato delle cose è completamente diverso. Se qui scavi un pozzo in giardino, ecco che ti imbatti subito nel passato. Prima una mattonella, poi della sabbia, poi ancora una mattonella, quindi un mattone. Gli strati di storia qui sono così profondi e vicini che tutto si evolve lentamente. Un americano può cambiare opinione in un batter d'occhio. Un abitante di Bruges no".

IL MANOSCRITTO DI GRUUTHUSE, "STELLA" DELL'ESPOSIZIONE "LIEFDE & DEVOTIE"

Bruges, 1400 circa. Un ignoto committente fa raccogliere in un volume poesie, preghiere e canti: nasce così il manoscritto di Gruuthuse. Ancora oggi il volume offre un tesoro di informazioni sulla letteratura medio-neerlandese e per lo studio della cultura e della storia della regione nel tardo Medio Evo. Per secoli il volume in pergamena è rimasto di proprietà di un privato, finché nel 2007 non fu acquistato dalla Biblioteca Reale de L'Aia. Attraverso il link http://www.kb.nl/bladerboeken/het-gruuthuse-handschrift della Biblioteca Reale è possibile sfogliare il manuale virtuale. Da non perdere!

Nel 2013 il manoscritto di Gruuthuse torna per un po' a casa per una mostra esclusiva che catapulterà inesorabilmente il visitatore nella Bruges medievale. Una mostra in cui, tra l'altro è riconoscibile anche la mano di Brody Neuenschwander.

22 marzo - 23 giugno 2013, Museo Gruuthuse, tutti i giorni ore 9:30 – 17:00, chiuso il lunedì.

non ci accontentiamo. Siamo sempre impegnati a creare un nesso creativo tra il presente ed il passato. Le novità avviano sempre un interessante dialogo con il passato, rendendo il tutto estremamente affascinante. L'unica mostra sul manoscritto di Gruuthuse (vedi riquadro) ne è forse l'esempio più interessante."

Se un artista in qualsiasi parte del mondo, o uno dei numerosi committenti famosi di Neuenschwander (il governo americano, britannico e belga o la BBC, Royal Mail, etc.) ha bisogno di un calligrafo particolarmente competente, ecco che squilla il telefono di Brody. Un lavoro per il regista Peter Greenaway, un altro per una serie di documentari per la BBC o lavori da free-lance. Non c'è pericolo di inattività.

Gli indirizzi di
Brody Neuenschwander

POSTO PREFERITO

» **Le soffitte del Sint-Jans-hospitaal**, Mariastraat 38

"In queste soffitte senti e percepisci il silenzio, qui la città si è fermata. Le impressionanti travi, i pilastri in legno massiccio ed il pavimento piastrellato dell'epoca burgunda ti trasportano in pieno XIV secolo".

RISTORANTI

» **Books and Brunch**, Garenmarkt 30,
   tel. +32 (0)50 70 90 79,
   www.booksandbrunch.be

"Books and Brunch è una novità esclusiva di Bruges. Luogo consigliato per una deliziosa colazione, pausa caffè o lunch dove è a disposizione un'ampia offerta di libri da acquistare o semplicemente da sfogliare mentre si gusta una fetta di torta fatta in casa o un ottimo caffè. E i bambini se la godono nella loro piccola mini biblioteca".

» **De Lotus**, Wapenmakersstraat 5, tel. +32 (0)50 33 10 78,
   www.lotus-brugge.be

"Il piccolo ristorante vegetariano è un classico di Bruges. Già da 20 anni vi si possono gustare pasti vegetariani in un'atmosfera sobria e genuina. Semplici tavoli e sedie in legno e pasti serviti in raffinati piatti in ceramica. Per chi mangia da solo, numerose riviste da sfogliare".

» **Lieven**, Philipstockstraat 45, tel. +32 (0)50 68 09 75, www.etenbijlieven.be

" In breve tempo l'elegante Lieven si è trasformato in un noto ristorante alla moda. Il menù è limitato: quattro antipasti e quattro piatti principali. La cucina è particolarmente raffinata, l'atmosfera moderna con carattere".

» **A'Qi**, Gistelse Steenweg 686, 8200 Sint-Andries, tel. +32 (0)50 30 05 99, www.restaurantaqi.be

"A'Qi significa "forza vitale" ed è proprio quanto vuole offrire questo ristorante di qualità. Ogni visita è un pacchetto totale per il corpo come per lo spirito. Basato sulle tradizioni culinarie fiamminghe, arricchite da ispirazioni straniere".

» **Cafedraal**, Zilverstraat 38, tel. +32 (0)50 34 08 45, www.cafedraal.be

"L'edificio del XV secolo cela un magico giardino interno di cui si può godere fino ad autunno inoltrato e dai primi soli primaverili. Specialità della casa sono i classici a base di pesce e carne".

CAFFÈ

» **One**, Arsenaalstraat 55, tel. +32 (0)50 33 80 88, www.one-minnewater.be

"Il più bel bar all'aperto di Bruges, nascosto in uno dei parchi più romantici della città. È il luogo per eccellenza dove godersi un aperitivo, squisiti tapas o un caffè con dolce, il tutto in un'atmosfera deliziosamente rarefatta".

» **De Garre**, De Garre 1, tel. +32 (0)50 34 10 29, www.degarre.be

"In una delle viuzze più strette di Bruges, trovi questa originale birreria. Puoi scegliere tra ben 130 tipi di birra, noti e meno noti. Dalle birre artigianali, alle trappiste fino alle migliori birre alla spina. Alla salute!"

» **Bar van Grand Hotel Casselbergh**, Hoogstraat 6, tel. +32 (0)50 44 65 00, www.grandhotelcasselbergh.com

"L'elegante hotel a quattro stelle ha un bar di pari fascino. Soffitti alti, lussuosi rivestimenti alle pareti, lampadari splendenti, camino ed un ampio assortimento di bevande di *premium brand* nazionali ed esteri".

INDIRIZZI PER LO SHOPPING

» **Symposion**, Oostmeers 41, tel. +32 (0)50 33 61 31, www.symposion.be

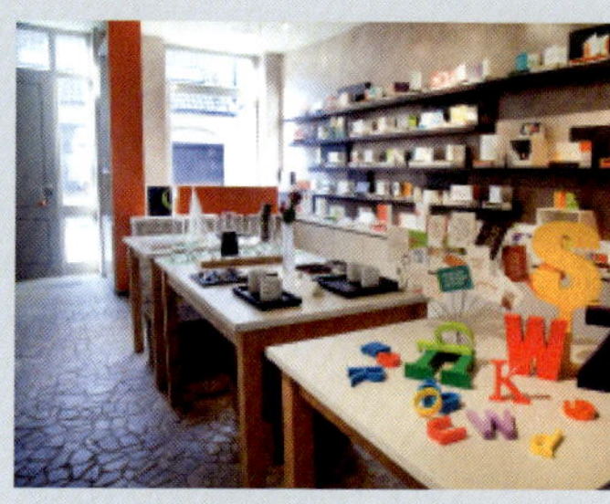

"Cartoleria, punto d'incontro di anime accomunate dalla passione calligrafica. Vi si trova ovviamente tutto ciò che attiene alla calligrafia, ma anche un cantuccio tranquillo per leggere ed una raffinata scelta di oggetti di accurata manifattura. Dai grembiuli da cucina a tema calligrafico, fino a serigrafie incorniciate e stampe originali".

» **Atelier Maud Bekaert**, Sint-Clarastraat 40, tel. +32 (0)475 26 95 58, www.lettersinsteen.be

"La poesia ha portato Maud Bekaert alla scultura letteraria. Oggi, questa scultrice letteraria incide le sue poesie e le sue creazioni su pietra sono visibili qui e là nel centro di Bruges. Il suo piccolo, raffinato atelier-punto vendita è il posto ideale dove trovare souvenir davvero speciali".

» **simBOLik**, Katelijnestraat 139 , tel. +32 (0)495 30 70 56, www.simbolik.be

"Ogni giovedì, venerdì e sabato gli adepti calligrafi allietano il proprio animo in questo atelier aperto. Ogni prima domenica del mese un poeta, scrittore teatrale o musicista fa sfoggio del suo estro creativo. Luogo d'incontro per eccellenza per creativi, insomma".

» **De Kringloopwinkel**, Langestraat 169-171, tel. +32 (0)50 34 94 00, www.klctrad.be

"Luogo d'ispirazione per la creatività. Vi trovi di tutto a poco prezzo per poter iniziare tu stesso. Dalle borse vintage, alle cineserie in porcellana fino a servizi di piatti incompleti".

» **De Andere Kijk**, Garenmarkt 28, tel. +32 (0)50 34 21 61

"*You name it, we frame it*, è il motto della casa. Un atelier-punto vendita in cui far incorniciare grandi e piccoli tesori".

RIFUGIO SEGRETO

» **Il quartiere Sint-Gillis (Sant' Egidio)**

"Quartiere popolare con piccole casette d'operai ed in mezzo una magnifica chiesa ed un misterioso, ma scomparso, cimitero in cui, fra gli altri, era sepolto Memling: questo è il quartiere Sint-Gillis in breve. Ed infatti, nel quartiere ha vissuto e lavorato Hans Memling. Nel 1480 acquistò una casa alla Sint-Jorisstraat e qualche anno più tardi vi comprò anche l'attiguo edificio "Den Ingel". Entrambe le costruzioni furono distrutte nel XIX secolo. Tanto nel luogo in cui si trovava la casa di Memling quanto nella Chiesa di Sant'Egidio, dove fu seppellito nel 1494, una targa

commemorativa ricorda l'esponente dei Primitivi Fiamminghi. Muovendovi alla ricerca dei luoghi di Memling, non tralasciate di osservare il raffinato mix di gotico e neogotico di cui abbonda il quartiere. Un'ottima occasione, tra l'altro, per studiare le caratteristiche del neogotico. Quest'ultimo movimento artistico dell'architettura occidentale ha lasciato diverse tracce nella città di Bruges".

Bruges, città da bicicletta

Una città a misura d'uomo con meravigliosi dintorni

Marina Tasiopoulos è nata in Svezia con nazionalità greca. Passando per Londra e Parigi è finita in Belgio, dove si è subito innamorata di Jos… da Bruges. Oggi, la giovane europea è mamma di una piccola cittadina di Bruges e ha perso la testa per le bici e… Bruges, la sua città adottiva.

CARTA D'IDENTITÀ

Nome: Marina Tasiopoulos
Nazionalità: svedese/greca
Data di nascita: 12 luglio 1975
Dal 2003 residente a Bruges.
Marina è funzionario UE.

La storia tra Bruges e Marina è iniziata durante il suo stage a Bruxelles. In un weekend a Bruges, la giovane greca-svedese incontra Jos Teughels, titolare dell'azienda QuasiMundo Bike. Da cosa nasce cosa e ben presto Marina si trasferisce a Bruges per pedalare, sulla falsariga di Jos, in ogni angolo della città e dintorni. Ormai Marina non è più una turista, ma il suo sguardo sulla città rimane diverso. "Ogni giorno resto stupita di che straordinaria città sia in realtà Bruges. Ho visto tanti luoghi, abitato in diversi posti. Ho quindi materiale per fare confronti e so che Bruges è unica. Si deve semplicemente rimanere aperti. Io, ad esempio, passo ogni mattina intorno alle 6:30 davanti al Beghinaggio ed ogni giorno resto colpita da ciò che vedo. Una volta vi fa capolino il sole, un'altra una sottile striscia di nebbia disegna un motivo particolare e non si incontra anima viva. Ogni volta è una magia. E la sera, verso le sei, la città si svuota. Bruges torna così proprietà dei suoi abitanti".

"Ogni giorno resto stupita di che straordinaria città sia in realtà Bruges."

BRUGES CITTÀ DA BICI

Che il Giro delle Fiandre, la gara ciclistica più bella della regione, parta ogni anno dal Grote Markt di Bruges non è certo un caso. Bruges è infatti la città da bici per eccellenza. Non solo tutti gli abitanti usano la bici come mezzo di trasporto, anche i visitatori possono avere il piacere di cavalcare un destriero a pedali. La città è piena di punti di noleggio di biciclette *(vedi anche pagina 21: Noleggio)*, dai modelli normali ai tandem e alle bici elettriche – per poter partecipare ad un giro turistico in bici o curiosare in solitudine.

Scopri i dintorni di Bruges

Per quanto Marina sia una fervida fan delle "Mura" – la fortificazione che racchiude il centro della città – e con amore filiale metta periodicamente a repentaglio la sicurezza dei numerosi parchi per bambini ("Chiamiamolo *quality control…*"), non disdegna affatto un giretto nei dintorni di Bruges. "Non appena si lascia la città, ci si trova in un mondo completamente diverso. Un panorama incantato di canali dritti ed alberi incurvati dal vento. A pochi chilometri dal mercato di Bruges. Assolutamente unico!", dice

Che la città resti a misura d'uomo e non si espanda, per la nostra globetrotter è un punto a favore. "Si saluta il vicino, si scambia due chiacchiere con il panettiere, si chiede come vanno gli studi alla figlia del farmacista… semplici eventi che rendono speciale la vita a Bruges."

VISITE GUIDATE IN BICI DI CITTÀ E DINTORNI

Chi vuole scoprire la città ed i suoi dintorni sulle due ruote può rivolgersi a tre organizzazioni *(vedi anche pagina 27)*. Da Jos Teughels, marito di Marina e titolare di QuasiMundo, si possono prenotare i tour in bici. Si può scegliere tra "Brugge by bike" – giro della città – e "Border by bike", in cui si scopre la bellezza dei dintorni.
I Pink Bear Tours offrono anche una gita alla bella Damme. Il tour dura quasi quattro ore, ovviamente con le giuste pause per ammirare il panorama e assaggiare le specialità locali.
Anche The Green Bike Tour/The Sun Bike Tour organizza diversi tour in bici attraverso i polder che circondano Bruges, con una sosta nella storica Damme.

TOUR IN BICI AUTONOMI

Bruges è circondata da bastioni ciclabili e chi opta per un tour nei dintorni ha a disposizione una vasta rete di ampie e comode piste ciclabili.

Per scoprire la regione si può seguire uno dei dodici percorsi ciclabili provinciali segnalati o collegare a proprio piacimento i punti dello snodo della Fietsnetwerk Brugse Ommeland (www.brugseommeland.be). Per tutti è disponibile una comoda brochure con cartina dettagliata ed ampia descrizione del percorso.

Chi cerca qualcosa in più può optare per uno dei percorsi a tema che caratterizzano la rete ciclabile Brugse Ommeland: "Buitengoed, zomerverblijven van de Brugse elite" (Buitengoed, residenze estive dell'élite di Bruges), "Fietsen tussen weidevogels en vriezeganzen" (In bici tra uccelli di campo e oche fiamminghe), "Forten en dijken tussen Brugge en Damme" (Forti e dighe tra Bruges e Damme), "Fietsen tussen zoet en zout water" (In bici tra acqua dolce e salata), "Fietsen tussen abdijen en kastelen in en rond Brugge" (In bici tra abbazie e castelli dentro e intorno a Bruges). Per ogni tour esiste una brochure con informazioni generali sulle attrazioni da vedere durante il percorso ed una pratica cartina richiudibile. Negli uffici informazioni cittadini ℹ il Markt (Historium), la piazza 't Zand (Concertgebouw) o la Stationsplein (Station, Stazione) è disponibile una panoramica completa dell'offerta in bici!

sicura Marina. "Damme, Oostkerke, Lissewege, sono tutti luoghi affascinanti che hanno saputo conservare il proprio fascino e che valgono assolutamente la pena di essere visitati. Natura vasta e incontaminata, schioppo da Bruges". Dunque Marina ha trovato il suo posto? "Con tutto il verde di Bruges, i parchi ed i giochi per i bambini è un luogo fantastico in cui crescere; il trasloco è assolutamente fuori discussione", conferma Marina.

Gli indirizzi di
Marina Tasiopoulos

POSTO PREFERITO

"Nei boschi di Breisbroek e Tillegem è possibile passeggiare e prendere una rigenerante boccata d'aria d'inverno come d'estate. Inoltre, ogni demanio dispone di un divertente parco giochi. Se abbiamo voglia di ampi panorami, ci rechiamo alla **spiaggia di Zeebrugge**."

RISTORANTI

» **Sale e Pepe**, Kleine Sint-Amandsstraat 1, tel. +32 (0)50 61 51 55

"Appena dietro al Markt si trova questo piccolo locale, un po' nascosto, dove godersi la vera cucina italiana. Dietro ai fornelli c'è infatti un cuoco siciliano. Per quanto mi riguarda, il miglior ristorante italiano a Bruges."

» **Anurak Thai**, Moerkerkse Steenweg 57, Sint-Kruis, tel. + 32 (0)50 68 83 38, www.anurakthai.be

"Questo autentico ristorante tailandese è appena fuori la Kruispoort. Vi si mangia cucina tailandese originale in un'atmosfera tranquilla ed il loro *Penang Nua* è davvero fantastico".

» **The Olive Tree**, Wollestraat 3, tel. +32 (0)50 33 00 81, www.theolivetree-brugge.com

"Eccellente ristorante greco per chi non cerca la musica di Zorba e le colonne doriche, ma chi ha voglia di cucina tradizionale greca fatta in casa. Da non perdere!"

» **Pastis**, Speelmansrei 8, tel. +32 (0)50 34 18 09, www.pastis.be

"L'accogliente bistrò si riflette nello Speelmansrei, uno dei primi fossati che circondavano Bruges. Vi si trovano pasta, insalate, tapas o si può scegliere uno dei piatti consigliati nel menù del mese. Anche per i vegetariani non manca la scelta."

» **'t Bagientje**, Oostmeers 130, tel. +32 (0)50 33 11 20, www.bagientje.be

"'t Bagientje sprizza di irresistibile fascino. Sembra di essere in visita da una nonna fiamminga. Vi si trovano infatti tutti i classici della cucina locale. Impossibile non alzarsi completamente sazi."

CAFFÈ

» **Li O Lait**, Dweersstraat 30,
tel. +32 (0)50 70 85 70, www.liolait.be

"La nuova caffetteria è impregnata di antico fascino. Un paradiso per chi ama caffè, cappuccino, espresso e latte, ma anche per gli amanti del tè non manca la scelta. I più golosi ordinano un latte e cioccolato bianco, i trendsetter si mantengono su una crema caffè ghiacciata ed i più goderecci preferiscono un bicchiere di cava."

» **L'Estaminet**, Park 5, tel. +32 (0)50 33 09 16,
http://users.telenet.be/fclestaminet/lestaminet.htm

"Un bar "scuro" in cui sin da tempi che furono gli abitanti di Bruges, lavoratori portuali o avvocati, ed i turisti si godono tranquilli la loro birretta al banco. Tra l'altro, anche nel pieno della notte si possono ordinare ancora deliziosi spaghetti gratinati della casa."

» **Café Rose Red**, Cordoeaniersstraat 16, tel. +32 (0)50 33 90 51,
www.cordoeanier.be/rosered

"Il bar, un po' nascosto (e con giardino interno) si trova in pieno centro ed è specializzato in birre trappiste. Vi si trova anche la "birra del mese" e chi non riesce a tornare a casa può pernottare nell'attiguo hotel."

» **De Stoepa**, Oostmeers 124, tel. +32 (0)50 33 04 54, www.stoepa.be

"La taverna è un vero hotspot. Nell'affascinante corte interna ci si può rilassare meravigliosamente fino alle prime ore del mattino e godersi una speciale acquavite locale, un rum scuro, un vinello raffinato o uno dei tanti cocktail. Si deve però cercare posto."

» **Barazar**, Langestraat 40, tel. +32 (0)50 33 88 89, www.hotelflanders.com

"Elegante bar d'hotel, noto per i suoi cocktail, cava e champagne. Soprattutto d'inverno, è stupendo starsene comodi intorno al camino. E d'estate si può di nuovo sedere all'aperto. Un posto elegante e accogliente da non perdere."

INDIRIZZI PER LO SHOPPING

» **Chez Madame Moustache,**
Ezelstraat 16, tel. +32 (0)50 70 50 28,
www.chezmadamemoustache.be

"Due mie amiche gestiscono questo speciale *concept store*. Vi si trovano raffinati articoli in ceramica, design vintage, cartoline fatte a mano, struggenti quadretti, ma si può anche passare per bere un buon caffè espresso o concedersi una fetta di dolce."

» **Lunabloom**, Eekhoutstraat 17b, tel. +32 (0)50 34 75 09, www.lunabloom.be

"*Concept store* per *happy kids*. A Lunabloom trovi solo cose carine: per bambine e ragazze, ma anche qualcosa per ragazzi. Un indirizzo unico, senza sbavature. Un luogo dove ogni bambino vuole tutto, e subito."

» **Mini-Me**, Kleine Sint-Amandsstraat 10, tel. +32 (0)50 68 05 24,
www.mini-me.be

"Vi si trovano gli accessori di tendenza e l'abbigliamento da skater per ragazzi e ragazze. Da magliette a felpe, ma anche sneaker per bebè e berretti hip-hop."

» **The Chocolate Line**, Simon Stevinplein 19, tel. +32 (0)50 34 10 90, www.thechocolateline.be

"Se abbiamo ospiti, vi faccio una deliziosa scorta di cioccolata. E racconto sempre ai miei amici la storia dell'eccentrico signore di Chocolate Line, Dominique Persoone, che ha insegnato ai Rolling Stones a sniffare polvere di cioccolato! Quando Ron Wood e Charlie Watts stavano festeggiando a Bruxelles il loro compleanno, Persoone ha lanciato il suo *Chocolate Shooter* durante il loro *birthday party*."

» **Galerie Pinsart**, Genthof 21, tel. +32 (0)50 67 50 66, www.pinsart.be

"Il Genthof si estende parallelo e lievemente nascosto dietro lo Spiegelrei ed è in piena fioritura. Vi sbocciano continuamente gallerie e negozietti carini. Galerie Pinsart, ad esempio, ha trasformato un edificio del XVIII secolo in uno spazio per l'arte contemporanea, ed è la mia preferita."

RIFUGIO SEGRETO

» **Graaf Visartpark**

"Mia figlia ed io siamo fan sfegatate di questo nuovo parco, situato ai bordi della città. Soprattutto il ben progettato campo giochi è di nostro gradimento e sempre fonte di buon umore. Ci si trovano spesso nel weekend in questo parco!"

Bruges, centro gastronomico

Bob Eck, il foodie newyorkese che si gode la vita a Bruges

Un newyorkese che lascia la Grande Mela per il mercato di Bruges, sembra uno scherzo, ma è precisamente ciò che ha fatto Bob Eck, manager internazionale, che ha attraversato l'oceano alla ricerca di un ritmo di vita meno stressante. Che anche il suo amore per la buona cucina ne risultasse gratificato, è stata una piacevole sorpresa. A colloquio con un newyorkese che parla neerlandese.

CARTA D'IDENTITÀ

Nome: Bob Eck
Nazionalità: americana
Data di nascita: 3 giugno 1963
Nato a Cincinnati, Ohio, USA
Dal 2011 residente a Bruges. Bob Eck è Marketing
Consultant free-lance ed un vero foodie.

Per anni Bob Eck ha vissuto immerso nel ritmo incalzante della frenetica New York. Si sbatteva per intere giornate, si lanciava pieno di energia nella strepitosa vita newyorkese e solo la sera tardi, stanco e sfinito, si concedeva il meritato riposo nel suo appartamento. Ma sempre più spesso iniziava a sognare un'esistenza diversa, più umana. "Volevo vivere più che lavorare, volevo un equilibrio. E non lo trovavo. Lavoravo tanto, piuttosto che vivere. La mia vita era in realtà occupata solo dal lavoro."

Che lui e il suo ragazzo non potessero sposarsi a New York – cosa che in seguito è accaduta in Connecticut – accentuava

BENVENUTI NELLA MECCA GASTRONOMICA D'EUROPA

"Prima che ci eravamo trasferiti a Bruges, sapevo già che qui si mangia davvero bene. Ora mi rendo conto che Bruges è la nuova mecca gastronomica d'Europa. Anzi, in nessun paese al mondo una città di circa 100.000 abitanti conta un maggior numero di stelle Michelin a persona."

Nel capitolo "Ristoranti rinomati" è indicato in quale ristorante trovate una cucina a più stelle, quali locali possono vantare il marchio Bib-Gourmand e quali strutture possono sfoggiare un ottimo giudizio sulla guida Gault Millau. Numeri che ispirano l'acquolina in bocca! (Verdere anche pagina 30-32)

ancor di più il disagio. La coppia decise di trasferirsi in Belgio, "un paese che promuove chiaramente la tolleranza". E gli occhi sono caduti subito sulla mondana Bruges. "Bruges è una città stupenda dove puoi davvero rilassarti. La qualità della vita in questa città è migliore rispetto a quella di New York e grazie alla rinomata cultura enogastronomica è estremamente piacevole. Il ritmo di Bruges,

IL WALHALLA DEI FOODIES

"Non c'è niente di più magico che fare spesa al mercato. E a Bruges puoi farlo ogni giorno. Il pesce fresco lo trovi nell'affascinante mercato del pesce, ortaggi, frutta e fiori li prendo il mercoledì, quando decine di bancarelle occupano il Markt o il sabato, quanto le piazze 't Zand o Beursplein sono sommerse di bancarelle. Se durante il weekend mi manca qualcosa, la domenica vado all'affascinante mercato domenicale di Sint-Michiels. Possibilità a iosa, dunque".

*"Qui si dedica davvero del tempo a cucinare;
si trovano ovunque e facilmente fantastici ingredienti."*

inoltre, è molto più sano di quello di Manhattan. Qui si ha più tempo per gli amici, la famiglia e la buona cucina. E ciò rende i cittadini di Bruges anche molto più rilassati, aperti e cordiali. Qui si dedica davvero del tempo a cucinare; si trovano ovunque e facilmente fantastici ingredienti. Bruges per me è una sorta di sogno divenuto realtà, una città che combina il fascino medievale con il comfort hi-tech."

Sedersi a tavola per ore

Anche una visita al ristorante qui è molto più lenta che oltreoceano. "A New York tutto deve essere rapido: ogni ristorante conta su tre turni ogni sera, quindi è impensabile fermarsi a tavola una volta finito di mangiare. A Bruges tutto invece è incentrato sul godimento lento. Tutto inizia intorno alle otto e torni a casa solo diverse ore dopo. Non è solo questione di ciò che è nel piatto

(per quanto sia spesso incredibilmente gustoso), ma è tutto un più ampio evento. I ristoratori non vogliono solo servire un infinito numero di persone, sono "contenti" se alla fine della serata possono salutare clienti soddisfatti. Perché il cliente soddisfatto torna. Un approccio semplice, ma efficace.

Mi ero aspettato di trovare una migliore qualità della vita, ma le mie aspettative vengono di gran lunga superate, giorno dopo giorno. Penso ad esempio al cioccolato fantastico, non a caso Bruges è la capitale del cioccolato e alle tantissime birre di qualità fiamminghe con in testa la birra cittadina di Bruges, la "Brugse Zot"… Sì, la vita qui è meravigliosa".

CELEBRAZIONI GASTRONOMICHE

"Gli abitanti di Bruges non possono rinnegare la loro natura gaudente. Una caratteristica confermata da eventi prestigiosi come il *KookEet* e il *Brugs Bierfestival*. Durante il *KookEet* i migliori chef della città offrono deliziosi assaggi per tutto il weekend, al Brugs Bierfestival si possono invece gustare le numerose e rinomate birre belghe e cittadine. Due occasioni imperdibili per i veri epicurei!"
(Calendario dettagliato degli eventi disponibile sul sito web http://events.brugge.be)

Gli indirizzi di
Bob Eck

POSTO PREFERITO

"Alle spalle della **Cattedrale di San Salvatore** c'è un piccolo parco: una manciata di panchine ed un piccolo spiazzo erboso dove vado spesso a rilassarmi. Puoi sederti sempre al sole, la vista è dominata da una quercia maestosa ed è incredibilmente tranquillo. Un piccolo rifugio al centro della città."

RISTORANTI

» **Chez Olivier**, Meestraat 9,
tel. +32 (0)50 33 36 59,
www.chezolivier.be

"Se vuoi qualcosa di più o hai un'occasione da festeggiare, Chez Olivier è il posto giusto. Il cibo è più che eccellente ed è servito in una magica location con vista sui canali. Garanzia di una serata indimenticabile."

» **Quatre Mains**, Philipstockstraat 8, tel. +32 (0)50 33 56 50, www.4mains.com
"Si mangia ottimamente e puoi stabilire da se stesso le porzioni. Dai tapas al primo piatto. E poi Leen e Olivier, la coppia che gestisce il Quatre Mains, sono fantastici quanto i piatti che cucinano e servono."

» **Tom's Diner**, West-Gistelhof 23, tel. +32 (0)50 33 33 82, www.tomsdiner.be
"Pur essendo stato di recente rinnovato da un famoso architetto d'interni, nel ristorante regna ancora una stupenda atmosfera casual. Calda. Si mangiano piatti belgi con un tocco internazionale e senza rimanere al verde."

» **Merveilleux**, Muntpoort 8, tel. +32 (0)50 61 02 09, www.merveilleux.eu
"Un'affascinante perla nascosta dove puoi rifugiarti per una fetta di torta, un tè speciale, un delizioso caffè o un lunch gustoso. Non piatti standard, ma una sorta di diversi assaggi, per cui su uno stesso piatto ti vengono serviti diversi sapori."

» **Pane Pane**, Sint-Jakobsstraat 2, tel. +32 (0)50 49 09 54
"A volte non hai voglia di un intero pranzo e ti basta un semplice panino. Allora, il posto giusto è Pane Pane. I panini sempre freschi vengono farciti davanti ai tuoi occhi e Gracienne e Jojo sono le signori più gentili di Bruges."

CAFFÈ

» **Bar Salon**, Langestraat 17,
   www.rock-fort.be
"Fantasiosi minipiatti, tapas originali, cocktail classici, il tutto in un ardito interno contemporaneo . Questo è il Bar Salon, un posto dove inizi ordinando *jamon iberico* per proseguire poi con una tartara di tonno o del *pan con tomate*."

» **Wijnbar Est**, Braambergstraat 7, tel. +32 (0)50 33 38 39, www.wijnbarest.be
"Noëlla e Marnix servono un'ottima collezione di vini provenienti da tutto il mondo, in bottiglia o bicchiere, e lo fanno in un'accogliente e minuscola casetta di Bruges. I due piani ospitano un totale di dieci tavoli. Musica live la domenica."

» **Groot Vlaenderen**, Vlamingstraat 94, tel. +32 (0)50 68 43 56,
   www.grootvlaenderen.be

"Un bar di hotel, ma senza hotel. Il nuovo fancy cocktailbar è l'unico posto a Bruges dove viene servito un perfetto Long Island Thee. Arne prepara cocktail eccellenti ed è anche un avvincente imprenditore. Rispetto le sue ambizioni."

» **Punta Est**, Predikherenrei 1, tel. +32 (0)50 34 94 10, www.puntaest.be

"I migliori tavoli all'esterno a Bruges. Non immersi nel caotico tran tran dei turisti, ma comunque in pieno centro, con una stupenda vista dall'alto. E sei anche protetto dal vento; si consiglia di portare la crema solare!"

» **De Republiek**, Sint-Jakobsstraat 36, tel. +32 (0)50 34 02 29,
   www.derepubliek.be

"De Republiek è in qualche modo il grand café di Bruges. La mattina puoi leggere i giornali, poi goderti un buon caffè o l'aperitivo e anche dopo pranzo è un ottimo posto per sedersi. D'estate puoi anche godere dello stupendo e gigante cortile interno."

INDIRIZZI PER LO SHOPPING

» **Patisserie Academie**, Academiestraat 4, tel. +32 (0)50 68 92 91,
   www.patisserieacademie.be

"Tom Van Loock ha appreso l'arte pasticciera lavorando al De Karmeliet (3 stelle Michelin) e alla fine ha aperto una pasticceria propria. Un piccolo tempio del piacere che punta alla perfezione. Le torte che vi acquisti sono così buone che vorresti mangiarle subito, sul marciapiede."

» **Dille & Kamille**, Simon Stevinplein 17-18, tel. +32 (0)50 34 11 80,
   www.dille-kamille.be

"Fantastici articoli da cucina a prezzi incredibili. Tutto ciò che serve per cucinare, arrostire, stufare, friggere e… mangiare! Particolarmente elegante, ma a prezzi accessibili. Non riesco mai ad uscirne a mani vuote."

» **De Olijfboom**, Smedenstraat 58, tel. +32 (0)50 34 16 39,
www.deolijfboom.be

"Al De Olijfboom si trovano 80 diversi oli: 12 alla spina, 2 novelli (oli d'oliva molto giovani di olive appena colte), 20 altri oli (dai pistacchi alle noci e al sesamo) e una 50ina di tipi d'aceto e 20 tipi d'aceto balsamico. A ciò si aggiungono le numerose spezie ed una raffinata selezione di sali. Difficile scegliere!"

» **Exceller Bikes**, Philipstockstraat 43, tel. +32 (0)50 70 68 12,
www.excellerbikes.com

"Qui non si compra semplicemente una bicicletta. Si compra una vera cultura della bici. Exceller Bikes incarna uno stile di vita. Il negozio è piuttosto un museo del ciclismo moderno. Un museo ricco di bici stupende senza gli orribili pantaloncini da ciclista…"

» **Oil & Vinegar**, Geldmuntstraat 11, +32 (0)50 34 56 50, www.oilvinegar.com
"Un eccellente posto per foodies, al centro della città. Vi trovi ogni tipo di olio, aceto, spezia, condimenti per insalata e salsine. Puoi anche far comporre una squisita cesta regalo personalizzata. Attenzione, crea dipendenza!"

RIFUGIO SEGRETO

"Pianifica le vacanze in un periodo in cui è previsto uno dei numerosi eventi speciali. Potrai così vivere Bruges in un'atmosfera ancora più magica. Se riesci a partecipare al **KookEet**, il *Cactusfestival* o alla processione del Sacro Sangue, la tua visita alla città risulterà ancora più indimenticabile."
(Per saperne di più sugli eventi a Bruges, vedere paginas 94-97)

PARKING TEA-ROOM
DE VALCKENAERE
Restaurant - Bistro
De Pypermolen

Lisseweg

Escursioni da Bruges

Lissewege

A Lissewege il tempo pare scorrere più lentamente. Con i suoi ritmi pacati, le bianche casette sul polder e i vasti campi, questo villaggio rispecchia fedelmente i paesi di campagna fiamminghi di una volta: pieni di vita, di fascino e con un pizzico di nostalgia.

Onze-Lieve-Vrouw-Bezoekingskerk (Chiesa di Nostra Signora della Visitazione) Lissewege

L'imponente chiesa in laterizio del 13° secolo fu edificata in stile pre-gotico. Gli straordinari interni ospitano un'icona miracolosa di Maria (1625), una notevole cassa d'organo, il pontile-tramezzo e il pulpito (1652). Grande richiamo è esercitato dal campanile monumentale che offre un'eccezionale vista sui polder.

APERTURA > La chiesa è aperta al pubblico tutti i giorni dalle 10:00 alle 17:00; orario estivo 9:00-20:00. Il campanile è aperto dal 15/6 al 30/6 e dal 1/9 al 15/9: sabato e domenica dalle 14:30 alle 17:00; tutti i giorni dal 1/7 al 31/8 dalle 14:30 alle 17:00

INGRESSO > Chiesa: ingresso libero; campanile: € 1,00; bambini fino agli 11 anni: € 0,50

INFO > Onder de toren, tel. +32 (0)50 54 45 44 (chiesa), tel. +32 (0)50 54 54 72 & +32 (0)487 49 92 14 (campanile), www.lissewege.be

Bezoekerscentrum (Centro visitatori) Lissewege

Il centro visitatori mostra il passato di questo paese bianco, che conta ben più di 1000 anni di storia. Foto, mappe, plastici, dipinti unici e una raccolta di reperti archeologici dell'ex abbazia cistercense di Ter Doest illustrano il suo ricco passato. Nel Museo dei Santi si può ammirare una straordinaria collezione di oltre 100 immagini antiche di santi patroni.

APERTURA > nelle vacanze pasquali e nel periodo dal 15/6 al 15/9: aperto tutti i giorni dalle 14:00 alle 17:30; nei fine settimana di Pentecoste e Ascensione, il 21/9, 22/9, 28/9 e 29/9 dalle 14:00 alle 17:30

INGRESSO > Museo dei Santi (caffè ou tè incluso): € 3,00; bambini fino agli 11 anni: € 1,00

INFO > Oude Pastoriestraat 5, Lissewege, tel. +32 (0)50 55 29 55, www.lissewege.be

Abdijschuur (Centro visitatori) Ter Doest

L'imponente granaio pre-gotico (13° secolo) dell'ex abbazia cistercense risalente al 12° secolo è stato restaurato agli inizi del 2000. Anche la torre colombaia (1651) e la porta monumentale (1662) hanno resistito strenuamente nel corso degli anni.

APERTURA > Tutti i giorni dalle 10:00 alle 17:00

INFO > Ter Doeststraat 4, Lissewege, www.lissewege.be

I dintorni di Bruges

Boudewijn Seapark Brugge

Un parco divertimenti con delfini e tante attrazioni e 4 diversi spettacoli di animali. Nel delfinario i delfini sono le star, nell'arena le otarie danno spettacolo tutto il giorno e i panoramici acquarama offrono uno sguardo sotto la superficie. Nell'area gioco coperta Bobo's Indoor i bambini possono giocare e scorrazzare liberamente. Nel 2013 il parco festeggia i suoi primi 50 anni e l'evento viene celebrato con uno show dei delfini completamente rinnovato.

APERTURA > Il parco divertimenti è aperto dal 30/3 al 29/9, durante le vacanze di Pasqua (1/4 - 14/4) e nei fine settimana di aprile: 10:00-17:00; maggio e giugno: tutti i giorni tranne il mercoledì (aperto mercoledì 1/5!), 10:00-17:00; luglio e agosto tutti i giorni: 10:00-18:00; settembre: mercoledì, 12:00-18:00; sabato e domenica, 10:00-18:00. Da ottobre a marze solo all'area gioco coperta Bobo's Indoor e il spettacolo dei delfini sono aperti il mercoledì, sabato e domenica e durante le vacanze scolastiche: 14:00-18:00.

INGRESSO > Biglietto All-in (parco, spettacoli, aree gioco): adulti e ragazzi dai 12 anni: € 24,00; bambini da 1 metro fino agli 11 anni: € 20,00; bambini da 85 cm a 99 cm: € 7,00; parcheggio: € 6,50; prezzo con la Brugge City Card: € 15,00 Biglietto combinato Bobo's Indoor e spettacolo dei delfini (solo nel periodo ottobre - marzo): adulti e ragazzi dai 12 anni: € 17,50 (buono per bibita incluso); bambini da 85 cm e fino a 11 anni: € 15,50.

INFO E BIGLIETTI > A. De Baeckestraat 12, St.-Michiels, tel. +32 (0)50 38 38 38, www.boudewijnseapark.be. I biglietti si possono acquistare sul posto o presso il 't Zand (Concertgebouw). Il Boudewijn Seapark si trova appena fuori dal centro città ed è collegato alla rete dei punti noleggio biciclette; bus: n° 7 & 17, fermata: Boudewijnpark

Kinderboerderij (Fattoria didattica) De Zeven Torentjes

In questa corte feudale del 14° secolo si trova oggi un'allegra e laboriosa fattoria didattica con un bel parco giochi e tanti animali da cortile. La splendida colombaia restaurata e il granaio gotico sono un piacevole extra.

APERTURA > Dall'alba al tramonto. La caffetteria è aperta da martedì a domenica, 11:30-21:00

INGRESSO > gratis

INFO > Canadaring 41, Assebroek; bus: n° 2 A.Z. St.-Lucas/Assebroek, fermata: Zeven Torentjes

Aree urbane di Beisbroek, Tudor e il Chartreuzinnenbos

Questa grande area naturalistica assicura ore di piacevoli camminate. L'immensa area di Beisbroek (160 ha) è costituita da boschi, sentieri, pascoli e brughiere, nonché da un sentiero di camminata segnaletico che attraversa le tre zone. Gli amanti della natura possono recarsi al centro natura per l'esposizione interattiva e il laboratorio per bambini. A un tiro di schioppo dall'area di Beisbroek si trova quella di Tudor della grandezza di 40 ha. Il castello in stile Tudor è la sua attrattiva principale, ma anche il giardino e l'orto meritano una visita. Nel parco si trova un arboreto monumentale. Puoi andare da Tudor a Beisbroek passeggiando lungo il Chartreuzinnenbos (Bosco di Certosine).

APERTURA > Aree: tutti i giorni dall'alba al tramonto; centro natura: tutti i giorni 14:00-17:00 (tranne sabato), domenica e festivi 14:00-18:00; orto: tutti i giorni dal 1/5 al 15/10: 14:00-17:00 (chiuso sabato), volendo

16:30, venerdì alle 20:30. Durante le vacanze scolastiche, presentazioni extra al lunedì, martedì e giovedì alle 15:00. Informazioni sulle presentazioni in altre lingue presso gli uffici informazioni **i** Markt (dell'Historium), 't Zand (del Concertgebouw), Stationsplein (Station, della Stazione).

INGRESSO > € 5,00; ragazzi fino ai 17 anni: € 4,00

INFO > Zeeweg 96, Sint-Andries, www. beisbroek.be; bus: n° 52 Brugge/Gistel/Oostende, n° 53 Brugge/Jabbeke, fermata: Zeeweg

visita guidata tel. +32 (0) 50 39 09 75

INGRESSO > Ingresso libero

INFO > Zeeweg 96, Sint-Andries Bus: n° 52 Brugge/Gistel/Oostende, n° 53 Brugge/Jabbeke, fermata: Zeeweg

Volkssterrenwacht (Osservatorio astronomico popolare) Beisbroek

Nell'osservatorio astronomico popolare puoi osservare il sole, le stelle e i pianeti. Il moderno planetarium, l'esposizione interattiva e l'equipaggiato osservatorio ti riveleranno i segreti del firmamento. Il sentiero planetario che parte dal castello rappresenta le distanze tra i diversi pianeti in scala: ogni passo corrisponde a una distanza di 9 milioni di chilometri.

APERTURA > Presentazioni al planetarium mercoledì e domenica alle 15:00 e

Lamme Goedzak (Battello a pale) Damme

Il nostalgico battello fluviale Lamme Goedzak percorre la tratta dal Noorweegse Kaai di Bruges al centro di Damme. Un autobus collega poi la stazione o la Piazza del Mercato di Bruges (Brugse Markt) al molo.

> 1/4-15/10; partenze giornaliere da Bruges per Damme alle 10:00, 12:00, 14:00, 16:00 e 18:00; partenze giornaliere da Damme per Bruges alle 9:15, 11:00, 13:00, 15:00 e 17:20.

INGRESSO > € 7,00 (sola andata) o € 10,00 (andata e ritorno); 65+: € 6,50 (sola andata) o € 9,00 (andata e ritorno), bambini dai 3 agli 11 ani: € 5,50 (sola andata) o € 8,00 (andata e ritorno); Brugge City Card: € 7,50 (andata e ritorno)
INFO > Noorweegse Kaai 31, Brugge, tel. +32 (0)9 233 84 69, www.bootdamme-brugge.be

Triple Treat Quasimodo tour: the best of Belgium in one day

Questo entusiasmante giro delle Fiandre in minibus in lingua inglese ti porta, tra l'altro, al famoso Castello di Tilleghem e al singolare Castello neogotico di Loppem. Inoltre potrai camminare serenamente per la medievale Damme e visitare il granaio gotico dell'Abbazia Ter Doest di Lissewege. Naturalmente si prevedono anche soste per la degustazione di squisiti wafer, cioccolato finissimo e un'ampia scelta di birre belghe.
> Escursioni da febbraio a dicembre di lunedì, mercoledì e venerdì. Il bus passa a prenderti alle 9:15 da 't Zand (cartina: C10) e ti riporta indietro verso le 17:00. Su richiesta il bus verrà a prenderti al tuo hotel. Prenotazione obbligatoria.
INGRESSO > € 62,50; giovani fino ai 25 anni: € 52,50; compresi pranzo, ingressi e biglietti; € 10,00 di sconto su prenotazione del Quasimodo WWI Flanders Fields Tour
INFO > tel. 0800 975 25 oppure +32(0)50 37 04 70, www.quasimodo.be

City Tour: Escursione a Damme

I minibus City Tour ti portano dalla Piazza del Mercato di Bruges (Brugse Markt) a Damme, per tornare poi a prenderti due ore più tardi sul molo del tuo sbarco dal Lamme Goedzak, e riportarti infine al Brugse Markt.

> Questa escursione si tiene giornalmente da aprile a settembre alle 16:00 e può essere seguita nelle lingue neerlandese, francese, tedesco, inglese, italiano e spagnolo.

INGRESSO > € 25,00; bambini dai 6 agli 11 anni: € 17,00

INFO > tel. +32 (0) 50 35 50 24 oppure info@citytour.be, www.citytour.be

Uilenspiegelmuseum (Museo Uilenspiegel) Damme

Chi vuol saperne di più sulle birbonate e le burle di Tijl Uilenspiegel, o conoscere le sue diverse incarnazioni nel mondo e vuole capire il contesto storico-culturale da cui ha avuto origine questo personaggio, deve recarsi a Damme. Qui troverai

non solo tutto sul famoso fiammingo del 19° secolo Uilenspiegel, ma anche sul suo compare tedesco del 16° secolo e sulle varie interpretazioni del 20°.

APERTURA > 16/4-15/10 nei giorni feriali 9:00-12:00 e 14:00-18:00; sabato, domenica e festivi 10:00-12:00 e 14:00-18:00; 16/10-15/4 nei giorni feriali 9:00-12:00 e 14:00-17:00; sabato, domenica e festivi 14:00-17:00

GIORNI DI CHIUSURA STRAORDINARIA > 1/1 e 25/12

INGRESSO > € 2,50; biglietto per famiglie: € 5,00; studenti: € 1,50; Brugge City Card: € 1,50

INFO > Jacob van Maerlantstraat 3, Damme, tel. +32 (0)50 28 86 10, www.toerismedamme.be

Sint-Janshospitaal (Ospedale di San Giovanni) Damme

L'Ospedale di San Giovanni, risalente al 13° secolo, può vantare una ricca collezione di oggetti liturgici e una raccolta eccezionale di mobili, dipinti e ceramiche. Si può inoltre visitare la cappella annessa all'ospedale, ma non durante le funzioni religiose. Approfitta dunque della possibilità di scoprire non solo un'affascinante collezione, ma anche lo speciale luogo che un tempo la ospitava e dove veniva utilizzata quotidianamente.

APERTURA > Da Pasqua a fine settembre, 11:00-12:00 e 14:00-17:30

GIORNI DI CHIUSURA STRAORDINARIA > lunedì e venerdì nel primo pomeriggio; chiusura annuale: 1/10-31/3

INGRESSO > € 1,50; biglietto per famiglie: € 3,00; 65+ e invalidi: € 1,00; Brugge City Card: € 1,00

INFO > Kerkstraat 33, Damme, tel. +32 (0)50 46 10 80, www.ocmw-damme.be

Mu.ZEE Permekemuseum (Museo Permeke) Jabbeke

Il più noto pittore e scultore espressionista fiammingo, Constant Permeke, visse e lavorò per più di vent'anni a Jabbeke nella sorprendente villa 'I quattro venti', dal design particolare e all'avanguardia per l'epoca, di cui egli stesso era l'autore. Oggi la villa ospita il museo e ci si può aggirare per le sue stanze, il giardino e gli ex atelier. Il posto giusto quindi in cui ammirare in tutta calma e tranquillità le originali opere di Permeke.

APERTURA > Da martedì a domenica 10:00-12:30 e 13:30-18:00 (1/10-31/3 fino alle 17:30)

GIORNI DI CHIUSURA STRAORDINARIA > Lunedi, 1/1 e 25/12

INGRESSO > € 3,00; 55+: € 2,50; giovani fino ai 25 anni: € 1,00; bambini fino ai 12 anni: ingresso libero; Brugge City Card: € 2,25

INFO > Gistelsteenweg 341, Jabbeke, tel. +32 (0)59 50 81 18 (Mu.ZEE – Museo d'arte sul mare), www.muzee.be

Romeins Archeologisch Museum (RAM, Museo Archeologico Romano) Oudenburg

Dopo anni di fatiche, scavi e ricerche Oudenburg possiede ora una collezione unica di reperti archeologici d'epoca romana e la buona notizia è che la si può osservare a proprio agio nel rinnovato museo. Ricostruzioni, plastici, reperti archeologici, simulazioni virtuali consentono al visitatore di conoscere approfonditamente la ricca storia romana della provincia. Nell'annesso centro visitatori è possibile imparare qualcosa di più su ciò che essa può offrire, come l'Abbazia di San Pietro, San Arnoldo e altre attrazioni di questa regione.

APERTURA > Da martedì a sabato, 10:00-12:30 e 13:30-17:30; domenica, 14:00-17:30

GIORNI DI CHIUSURA STRAORDINARIA > chiusura annuale: 1/11-31/3

INGRESSO > Centro visitatori: ingresso libero. Museo: € 5,00; bambini e ragazzi dai 7 ai 18 anni e studenti: € 2,00; bambini fino ai 6 anni: ingresso libero, se accompagnati da un adulto; invalidi: € 3,00; Brugge City Card: € 3,00

INFO > Weststraat 24, Oudenburg, tel. +32 (0)59 56 84 00, www.ram-oudenburg.be

Kasteel (Castello) Wijnendale

Uno splendido castello nei boschi di Torhout dove passeggiare piacevolmente per ore. Ma c'è di più: nel museo del castello si può intraprendere un viaggio attraverso 1000 anni di storia affascinante, grazie a una presentazione moderna, uno schermo tattile e una videoguida portatile. Così si potrà vedere, per esempio, come Maria di Borgogna cadde da cavallo e come re Leopoldo III si arrese alle truppe tedesche nel 1940. Negli ex alloggi del custode è collocato adesso un centro visitatori in cui trovare tutte le informazioni su Torhout, i dintorni di Bruges (Brugse Ommeland), i prodotti del territorio, percorsi per passeggiate e piste ciclabili, ecc.

APERTURA > 1/4-30/9: 13:30-17:30. Aprile, maggio e giugno: mercoledì, sabato e domenica; luglio e agosto: tutti i giorni, festivi inclusi; settembre: mercoledì e domenica.

GIORNI DI CHIUSURA STRAORDINARIA > Da aprile fino ad agosto: il primo sabato del mese

INGRESSO > incluso videoguida (pda): € 5,00; bambini dai 3 ai 12 jaar: € 1,00; Brugge City Card: € 3,00

INFO > Oostendestraat 390, Torhout, tel. +32 (0)50 22 07 70, www.toerisme torhout.be, trasporti pubblici: treno Brugge-Kortrijk oppure autobus 62A (Oostende-Torhout)

GIORNI DI CHIUSURA STRAORDINARIA > 16/9-14/5: lunedì nel primo pomeriggio; chiusura annuale: 1/1, 2/1, 25/12-31/12

INGRESSO > € 1,50; bambini dai 3 ai 12 anni: € 0,50; Brugge City Card: € 1,00

INFO > Ravenhofstraat 5, Torhout, tel. +32 (0)50 22 07 70, www.toerisme torhout.be, trasporti pubblici: treno Brugge-Kortrijk

Museum Torhouts Aardewerk (Museo della Ceramica di Torhout) Torhout

Fino alla Seconda guerra mondiale la ceramica di Torhout veniva esportata in tutto il mondo. Il museo esibisce la ricca tradizione di questa arte quasi scomparsa con l'aiuto di pezzi unici dal 16° al 20° secolo. Un bell'esempio di arte popolare tipicamente fiamminga che mostra l'influenza, tra l'altro, di art déco e art nouveau.

APERTURA > Dal 16/9 al 14/5: da lunedì a venerdì: 9:30-12:30 e 13:30-17:00. Dal 15/5 al 15/9: tutti i giorni (aperto anche nei fine settimana e festivi): 9:30-12:30 e 13:30-17:30

Zeebrugge

Zeebrugge è molto di più che un porto di rilievo internazionale. Infatti qui puoi trovare un ampio litorale immerso in una spensierata atmosfera di vacanza, pittoreschi quartieri di pescatori con autentici locali per lupi di mare e un porto turistico molto frequentato. In breve, è facile trovare amici a Zeebrugge. Qui inoltre puoi collegarti alla pista ciclabile del tratto costiero che unisce fra loro tutte le località balneari fiamminghe, oppure alla rete ciclistica dei dintorni di Bruges. Il tempo non basta mai, dunque.

Giro del porto di Zeebrugge in battello

Il giro parte dal vecchio porto dei pescatori sul nuovissimo battello turistico 'Zephira' e passa lungo la base della marina militare, la chiusa Pierre Vandamme (una delle più grandi del mondo), il terminal gasiero, il parco eolico,

l'isola delle sterne tra navi da crociera e battelli-draga, mentre enormi container attraccano al molo. Un'esperienza unica per conoscere meglio il porto e il suo funzionamento.

APERTURA > Dal 1/4 al 14/10: fine settimana e festivi alle 14:00; in luglio e agosto: tutti i giorni alle 14:00 e alle 16:00.

Dal 1/8 al 19/8: tutti i giorni un giro extra alle 11. Sabato sera in luglio e agosto: giro in battello con barbecue finale.

INGRESSO > € 10,00; 60+: € 9,00; bambini dai 3 agli 11 anni: € 7,00; Bruges City Card: € 7,50; giro in battello + barbecue: € 30,00

INFO > Imbarco Jacques Brelsteiger, Tijdokstraat (vecchio porto dei pescatori), Zeebrugge, tel. 32 (0)59 70 62 94, www.havenrondvaarten.be

La spiaggia di Zeebrugge

Gli abitanti di Bruges si recano su questo ampio litorale riparato per ossigenarsi i polmoni in inverno e per abbronzarsi, fare il bagno e svagarsi in estate. Proprio

di fianco si trova la stazione ferroviaria estiva. I binari arrivano quindi direttamente in spiaggia.

⬛ Seafront Zeebrugge

Il parco a tema marittimo nel vecchio mercato del pesce illustra ai visitatori la dura esistenza dei pescatori, la storia del porto di Zeebrugge e la vita sotto il mare. I bambini si scatenano nel sommergibile russo Foxtrot, nel battello-faro West-Hinder e nel nuovo paradiso dei pirati.

APERTURA > Tutti i giorni dalle 10:00 alle 17:00; in luglio e agosto dalle 10:00 alle 18:00

GIORNI DI CHIUSURA STRAORDINARIA > 1/1, 25/12, chiusura annuale: vedi sito web

INGRESSO > € 12,50; bambini fino a 1 metro (accompagnati da un adulto): ingresso libero; bambini fino agli 12 anni: € 9,00; 60+ e studenti: € 11,00; Bruges City Card: € 8,50

INFO > Vismijnstraat 7, Zeebrugge, tel. +32 (0)50 55 14 15, www.seafront.be

Una gita al mare

Mu.ZEE Ostenda

Il Mu.ZEE ospita una collezione unica di arte belga dal 1830 fino a oggi ed è perciò una vera perla nel panorama museale fiammingo: nell'esposizione permanente si possono ammirare opere di James Ensor, Léon Spilliaert, Constant Permeke, Jean Brusselmans, Raoul De Keyzer, Roger Raveel, Panamarenko, Luc Tuymans e molti altri. Nella sezione per bambini, i piccoli fanno arte giocando. Se capiti qui durante una delle sue grandi, memorabili mostre, avrai l'imbarazzo della scelta!

APERTURA > Da martedì a domenica, 10:00-18:00

GIORNI DI CHIUSURA STRAORDINARIA > Lunedi, 1/1 e 25/12

INGRESSO > Collezione permanente: € 5,00; 55+: € 4,00; giovani fino ai 25 anni: € 1,00; bambini fino ai 12 anni: ingresso libero. Prezzi più alti in occasione di mostre; Brugge City Card: € 3,75 (collezione permanente)

INFO > Romestraat 11, Oostende, tel. +32 (0)59 50 81 18, www.muzee.be, trasporti pubblici: autobus 6 e 14

Mu.ZEE Ensorhuis (Casa Ensor) Ostenda

Chi vuole ripercorrere le orme di James Ensor (1860-1949), deve recarsi a Ostenda. A partire dal 1917 questa fu infatti la base operativa del celeberrimo pittore, che qui visse e lavorò fino alla sua morte.

Il negozio di souvenir e conchiglie che fu dei suoi zii, al piano inferiore, è rimasto preservato nel suo stato originale. Al primo piano si accede al Salone Blu, dove Ensor viveva e dipingeva. Al piano intermedio è allestita periodicamente una piccola "mostra dossier". Chi è alla ricerca delle vere opere del maestro rimarrà però deluso: nel piccolo museo sono esposte solo riproduzioni. La casa è infatti più un viaggio all'indietro, agli inizi del XX secolo, nell'affascinante atmosfera dell'epoca di James Ensor.

APERTURA > Da mercoledì a lunedì, 10:00-12:00 e 14:00-17:00

GIORNI DI CHIUSURA STRAORDINARIA > Martedì; 1/1 e 25/12

INGRESSO > € 2,00; 55+ e giovani fino ai 25 anni: € 1,00; bambini fino ai 12 anni: ingresso libero; Brugge City Card: € 1,50

INFO > Vlaanderenstraat 27, Ostenda, tel. +32 (0)59 50 33 37 (accoglienza) oppure +32 (0)497 59 55 76, www.muzee.be, trasporti pubblici: autobus centro (fermata Vlaanderenstraat), tram costiero (fermata Marie-Joséplein)

Sulle tracce della la Grande Guerra

Quasimodo WWI Flanders Fields Tour

Quasimodo ti porta col suo minibus in un viaggio dall'atmosfera raccolta e sobria lungo Passendale, Hill 60, Messines Ridge, diversi cimiteri (soldati del Commonwealth e tedeschi), trincee e bunker, la Porta di Menen e diversi monumenti (ai soldati dell'ANZAC, canadesi, britannici e irlandesi), in breve tutti i luoghi salienti. I nostri racconti ti faranno letteralmente rivivere i 4 anni di sanguinosa guerra sul Saliente di Ypres.

APERTURA > Da febbraio a fine dicembre tutti i giorni tranne il lunedì. Il bus passa a prenderti a 't Zand (cartina: C10) alle 9:15 e ti riporta indietro verso le 17:30. Su richiesta il bus verrà a prenderti al tuo hotel. Prenotazione obbligatoria.

INGRESSO > Escursione in inglese: € 62,50; giovani fino ai 25 anni: € 52,50; compresi pranzo e biglietti; € 10,00 di sconto su prenotazione del Triple Treat Quasimodo tour: The best of Belgium in one day.

INFO > tel. 0800 975 25 oppure +32 (0)50 37 04 70, www.quasimodo.be

Flanders Fields Battlefield Daytours

Scopri le attrazioni turistiche di Westhoek e della Grande Guerra. Visiterai un cimitero tedesco a Langemark, il Tyne Cot Cemetery di Passendale, il Museo Passendale dove potrai provare l'esperienza "scava il tunnel", la Porta di Menen, la città di Ypres con gli splendidi mercati dei tessuti e l'imperdibile museo In Flanders Fields. Il giro comprende anche Hill 62, Hill 60 (crateri e bunker), Heuvelland e Kemmelberg, le colline di Mesen, i crateri delle mine del 1917, le trincee e vari monumenti.

APERTURA > Da martedì a domenica partenza alle 8:45, ritorno alle 17:15, il bus passerà a prendere i partecipanti all'hotel. Prenotazione obbligatoria. Spiegazioni in francese, neerlandese e inglese.

INGRESSO (viaggio di un giorno) > € 65,00; giovani fino ai 25 anni: € 60,00; pranzo compreso (non al sacco), escursione speciale di un giorno su richiesta. Il breve viaggio serale Last Post Tour di andata e ritorno ti porta a Ypres per assistere alla cerimonia del Last Post alla Porta di Menen. Si parte alle 18:15 e si è di ritorno verso le 21:15. Spiegazioni in francese, neerlandese e inglese. Prenotazione obbligatoria.

INGRESSO (breve viaggio) > € 40,00

INFO > tel. 0800 99 133 oppure +32 (0)50 34 60 60, www.visitbruges.org

In Flanders Fields Museum (Museo In Flanders Fields) Ypres

Benvenuti nel rinnovato e affascinante museo interattivo sulla Grande Guerra.

Non un arido elenco di fatti e numeri, ma tecniche moderne, da effetti audio ad immagini video autentiche, che richiamano in vita la storia in maniera così realistica da toccare il cuore di ogni visitatore. Come essere personalmente in trincea o vedere la devastante distruzione della propria città natale, Ypres. Ogni visitatore riceve una fascia con papavero personale che imposta automaticamente la lingua selezionata e lo accompagna lungo la mostra alla scoperta di quattro racconti di vita vissuta. In breve, un museo da vedere per credere.

APERTURA > dal 1/4 al 15/11: tutti i giorni 10:00-18:00; dal 16/11 al 31/3: dal martedì alla domenica, 10:00-17:00 (la vendita dei biglietti termina 1 ora prima dell'orario di chiusura)

GIORNI DI CHIUSURA STRAORDINARIA > 1/1, 25/12, 3 settimane dopo le vacanze di Natale in Belgio (a partire dal 6/1/2014)

INGRESSO > € 8,00; ragazzi dai 7 ai 25 anni: € 1,00; bambini fino ai 6 anni: ingresso libero; Brugge City Card: € 5,50

INFO > Grote Markt 34, Ypres, tel. +32 (0)57 23 92 20, www.inflandersfields.be

Canada-Poland War Museum Adegem

Il posto giusto per chi vuole una rappresentazione delle Fiandre durante la Seconda guerra mondiale è il Canada-Poland War Museum. Tramite numerose scene di vita reale ricostruite, tra cui la battaglia sul Leopoldkanaal, e una vasta collezione di fotografie, armi e uniformi potrai farti un'idea estremamente chiara di quel che accadde qui all'epoca. Per i più piccoli c'è una 'SecondaGuerra Mondiale in miniatura', dove si possono vedere ad altezza di bambino tutti i campi di battaglia in scala 1/35.

APERTURA > Da aprile a settembre, da martedì a domenica, 10:00-18:00; da ottobre a marzo, da mercoledì a domenica, 12:00-18:00

GIORNI DI CHIUSURA STRAORDINARIA > 1/1; chiusura annuale: una settimana ad ottobre (controllare sul sito web)

INGRESSO > € 5,00; bambini fino ai 6 anni: ingresso libero; Brugge City Card: € 4,00, compresa una cartolina, oppure € 7,00 per entrambi i musei (canadese e polacco)

INFO > Heulendonk 21, Adegem, tel. +32 (0)50 71 06 66, www.canadamuseum.be

In Più

Centrum Ronde van Vlaanderen (Centro Giro delle Fiandre) Oudenaarde

Il multimediale Centro del Giro delle Fiandre, nel cuore delle Ardenne fiamminghe, ha non poche frecce al suo arco. Comprende un museo dell'esperienza interattivo, uno spazio per mostre, un auditorium cinematografico ed un simpatico "shop del Giro". Per non parlare della brasserie del ciclista! Il museo vi introduce nello scenario dell'eccellenza fiamminga, scoprendo l'anima del Giro. Grazie a numerose tecniche multimediali diventerete voi stessi protagonisti del Giro delle Fiandre. Provate la bici da pavé di Tom Boonen, sudate sulla scia di Peter Van Petegem in cima all'Oude Kwaremont e conquistate come vincitori il podio del Giro. All'accettazione saranno lieti di dare informazioni sulle attrazioni turistiche e le numerose possibilità ciclistiche delle Ardenne fiamminghe. Gli stremati turisti a due ruote possono persino godersi una doccia!

APERTURA > Da martedì a domenica 10:00-18:00

GIORNI DI CHIUSURA STRAORDINARIA > 1/1, 7-20/1, 25/12

INGRESSO > € 8,00; 60+: € 6,00; studenti e bambini fino a 14 anni: € 4,00; biglietto per famiglie (2 adulti + max. 4 bambini): € 17,50; Brugge City Card: € 6,00; 60+: € 4,00; studenti e bambini fino a 14 anni: € 3,00; biglietto per famiglie: € 12,50

INFO > Markt 43, Oudenaarde, tel. +32 (0)55 33 99 33, www.crvv.be, trasporti pubblici: dalla stazione di Oudenaarde (linea Gent-Sint-Pieters-Ronse) c'è un collegamento di autobus verso il Markt

Stradario